Déborah Rosenkranz

Ein Wunder für jeden Tag

Über die Autorin

Déborah Rosenkranz tourt seit Jahren als Singer-Songwriterin und Autorin durch verschiedenste Länder der Welt, singt und erzählt aus ihrem Leben und von ihren Erfahrungen mit Gott. Sie hat eine Einrichtung für Mädchen mit Essstörungen mitinitiiert und setzt sich besonders für junge Menschen auf der Suche nach ihrer Identität ein. *2016 gewann sie den Emotion.award* für „Soziale Werte" und nutzt die Plattform ihrer Musik, um Menschen zu ermutigen und ihnen Hoffnung weiterzugeben. Seit Anfang 2021 ist sie nun auch die Autorin für „Ein Wunder für jeden Tag", einem E-Mail-Konzept, das weltweit schon fast eine Millionen Menschen erreicht hat.

Déborah Rosenkranz

Ein Wunder für jeden Tag

Mein kreativer Jahresbegleiter

Gerth Medien

Deine Agenda, die mit Gott plant und mit Wundern rechnet!

»Glücklich ist, wer nicht lebt wie Menschen, die von Gott nichts wissen wollen.« Psalm 1,1

Bedeutung glücklich:
- Von hoher Zufriedenheit und Freude erfüllt
- erfolgreich

Wünschst du dir auch, dass diese Definition von glücklich auf dich und dein Leben zutrifft? Ich wünsche es dir jedenfalls! Und ich möchte so gern mit dir teilen, was mich in meinem Leben immer wieder glücklich gemacht hat: »mehr von Gott wissen zu wollen« – und das am besten an jedem Tag des Jahres!

Deswegen ist es so wertvoll, dass du diesen Jahresbegleiter nun in den Händen hältst und deine Agenda mit Gott machen möchtest! Das Wort »Agenda« ist lateinisch und steht für »das zu Tuende, was getan werden muss«.

Wir alle haben ein volles Leben, manchmal ist es sogar so voll, dass wir gar nicht wissen, womit wir anfangen sollen. Und genau deswegen ist es so wichtig, dass du neben deinen To-dos, die du in der Spalte »Mein Tag« eintragen kannst, durch einen Bibelvers, kurze Gedankenanstöße und ein Gebet auch täglich an die WUNDERvollen Möglichkeiten und Wahrheiten Gottes erinnert wirst! Mein kurzer »Tipp des Tages«, Tipp des Tages soll dir ebenfalls dabei helfen.

Vielleicht kommt dir der ein oder andere »Tipp des Tages«, der dich stärken, motivieren und dich darüber hinaus aus deinen alten Gewohnheiten herauslocken soll, sogar bekannt vor. Dann kann es sein, dass du meine täglichen »Wunder-Mails« schon erhältst. Wenn nicht, kannst du dich gern unter **www.einwunderfuerjedentag.de** kostenfrei für diese tägliche Ermutigungsmail von mir anmelden und somit »noch mehr von Gott erfahren«!

Dieser Jahresbegleiter ist mehr als ein »Ich plane mein Jahr«-Vorhaben. Es ist eine Haltung, die sagt: »Ich denke, doch ich lasse Gott lenken« (siehe Sprüche 16,1).

Ich kann dich nur ermutigen: »Vertraue Gott deine Pläne an, er wird dir Gelingen schenken« (Sprüche 16,3).

Auf ein WUNDERvolles Jahr mit einem Wunder für jeden Tag!

Déborah

www.deborah-rosenkranz.com

Tipp des Tages

Tu heute Morgen etwas, worauf du heute Abend stolz sein wirst!

»Wirkliche Liebe ist frei von Angst. Ja, wenn die Liebe uns ganz erfüllt, vertreibt sie sogar die Angst.«
1. Johannes 4,17–18

01
Januar

So oft denken wir: »Aber ich kann das nicht« oder »Was ich tue, ist gar nicht so bedeutsam.« Dabei musst du niemand anderem etwas damit beweisen. **Gott freut sich, wenn DU dich freust,** und weil er dich liebt, wünscht er sich, dass du **furchtlos** durch den Tag gehst und **deine Träume lebst**!

Mein Tag

Me Time

Was tue ich heute
FÜR MICH?

____

____

____

Mein Gebet

»Danke, Jesus, dass ich dir nichts beweisen muss, sondern einfach sein kann, wie ich bin, und dass das mehr als genug ist! Amen.«

02

Januar

»Freut euch über die Hoffnung, die ihr habt. Wenn Nöte kommen, haltet durch.«
Römer 12,12; NGÜ

Tipp des Tages

Vergiss nicht, glücklich zu sein!

An manchen Tagen wachen wir schon mit den vielen To-dos im Kopf auf, die für diesen Tag anstehen, und bevor wir uns über einen neuen Tag freuen, sind wir schon gestresst. Aber ich ermutige dich: **Lass dich nicht stressen** und nimm dir heute bewusst Zeit, dich zu freuen!

Mein Tag

Ziel des Tages

Ich möchte heute auch die »kleinen« Momente bewusst wahrnehmen und glücklich darüber sein.

Mein Gebet

»Egal, was heute auch auf meiner To-do-Liste steht, Jesus, ich danke dir dafür, dass du mir nicht nur helfen willst, sondern auch Freude schenken möchtest! Amen.«

Tipp des Tages

Um im Leben »weiterzukommen«, musst du dich mit Menschen umgeben, die »weiter sind«.

»Wenn du mit vernünftigen Menschen Umgang pflegst, wirst du selbst vernünftig. Wenn du dich mit Dummköpfen einlässt, schadest du dir nur.«
Sprüche 13,20

03 Januar

Achte heute bewusst darauf, wo du »anhältst«. Ist es bei **Menschen, die dir guttun,** oder bei Menschen, die dich Kraft kosten? Und frage dich auch: »Was für ein Mensch bin ich selbst? Bin ich selbst ein/e Ermutiger/in?«

Mein Tag

Frage an mich

Bin ich ein/e gute/r wertschätzende/r Freund/in?

Mein Gebet

»Ohne dich gäbe es mich nicht. Du hast mich einzigartig und wundervoll erschaffen und ja, du möchtest, dass ich meinen Wert wertschätze. Schenk mir ein Umfeld, das mich weiterbringt und mich nicht an meinem Wert zweifeln lässt. Amen.«

04
Januar

»Und legt alle eure Sorgen bei ihm ab, denn er sorgt für euch.«
1. Petrus 5,7

Tipp des Tages

Gott lässt dich nicht »deine Sorge tragen«, ohne dich »hindurch zu tragen«.

Irgendwie tragen wir doch immer einen »Grund zur Sorge« mit uns herum. Dabei steht in der Bibel so oft »Freut euch!«. Das ist wieder ein Punkt, an dem du vielleicht merkst, **wie wichtig DEINE Entscheidung ist**. Denn du kannst dich dazu entscheiden, dich zu freuen, selbst wenn du »Grund zur Sorge« hast!

Mein Tag

Frage an mich

Was sind meine aktuellen Sorgen? Schreibe sie hier auf und lege sie Gott hin:

____

____

Mein Gebet

»Jesus, du siehst, welche Sorgen ich hier aufgeschrieben habe. Ich möchte sie jetzt bewusst bei dir ablegen und spreche laut aus: ICH VERTRAUE DIR!
Lass mich heute doch ein Wunder erleben! Amen.«

Tipp des Tages

Deine Ohren müssen hören, was dein Herz noch nicht glauben kann!

05 Januar

»Was ist denn der Glaube? Er ist ein Rechnen mit der Erfüllung dessen, worauf man hofft, ein Überzeugtsein von der Wirklichkeit unsichtbarer Dinge.«
Hebräer 11,1.

Zweifel können dir sehr schnell die Lebensfreude nehmen. Deswegen ist es so wichtig, dass du laut aussprichst, was Gott über dich oder deine Situation sagt, auch wenn du es selbst noch nicht glauben kannst. Wie das geht? Stell dich vor den Spiegel und **sprich die Wahrheit:** (Gottes Wort) **aus.** Zum Beispiel: »Gott wird mein Schicksal zum Guten wenden« (siehe Zefanja 3,20).

Mein Tag

Ziel des Tages

Mehrfach laut aussprechen, was mein Herz hören muss!

Mein Gebet

»Jesus, ich will deine Wahrheiten hören, aussprechen und glauben! Hilf mir bitte dabei. Amen!«

06
Januar

»[...] lernt, in einer neuen Weise zu denken, damit ihr verändert werdet.«
Römer 12,2; NGÜ

Tipp des Tages

Um etwas zu verändern, musst du etwas verändern!

Wenn du Hunger hast, dann musst du etwas dagegen tun: Du musst dich bis zum Kühlschrank bewegen, um etwas an diesem Zustand zu verändern. Und das gilt für jeden Bereich deines Lebens: **Du musst etwas dagegen beziehungsweise dafür** tun.

Mein Tag

Frage an mich

Wie konkret könnte dieser **»Schritt der Veränderung«** heute für dich aussehen?

Mein Gebet

»Jesus, heute entscheide ich mich, einen bewussten Schritt der Veränderung zu gehen, und bitte dich um deine Unterstützung dabei. Ich brauche dich! Amen.«

Tipp des Tages

Du BIST ein Segen!
Drum SEI ein Segen!

»Alle Völker der Erde sollen durch dich gesegnet werden.«
1. Mose 12,1

07 Januar

Viele Menschen hätten gerne, was du hast. Doch wie oft denkst du: »Aber ich bin doch noch nicht ...« oder »Ich habe aber nicht ...«? Heute kannst du dich entscheiden, **mit dem,** was **du hast**, in diesen Tag zu gehen und Menschen damit zu beschenken! Und du wirst garantiert selbst überrascht sein zu sehen, was Gott alles in dich hineingelegt hat!

Mein Tag

Ziel des Tages

Ich möchte heute mit offenen Augen durch den Tag gehen und Menschen mit einem Lächeln, meiner Zeit oder etwas anderem segnen, das mir geschenkt wurde.

Mein Gebet

»Jesus, ich staune! Das, was du vor langer Zeit zu Mose sagtest, das will ich auch erleben! Deswegen sage ich heute: Bitte gebrauche mich! Ich möchte ein Segen sein! Amen!«

08

Januar

»Denn ich weiß: Gerade, wenn ich schwach bin, bin ich stark.«
2. Korinther 12,10

Tipp des Tages

Wenn du dich stark fühlst, sei für die Schwachen da. Wenn du dich schwach fühlst, lass dir von Stärkeren helfen!

Mal fühlen wir uns stark und es fällt uns leicht, für andere da zu sein, dann wiederum gibt es Tage, an denen wir morgens schon müde aufwachen und uns einfach schwach fühlen. Aber weißt du was? Das ist gar nicht so entscheidend! **Wichtig ist, dass du weißt: Gott ist für dich da** – auch wenn du dich gerade »nicht so fühlst«.

Mein Tag

Ziel des Tages

Ich will mich nicht davon entmutigen lassen, dass ich mich heute »nicht so fühle«, und werde stattdessen auf Gottes Kraft zurückgreifen!

Mein Gebet

»Jesus, danke, dass du immer meine Stärke bist.
Gerne will ich etwas von dieser Stärke weitergeben. Amen.«

Tipp des Tages

Du kannst Gott heute dein Vertrauen geben, auch ohne alles zu verstehen!

»Gott, jetzt habe ich neuen Mut gefasst, voller Vertrauen blicke ich in die Zukunft: Darum will ich singen und dir danken, Herr.«
Psalm 57,8

09 Januar

Mut ist die Entscheidung, trotz deiner Ängste einen Schritt zu gehen, der Überwindung kostet, aber der richtige Schritt ist. Königin Esther hatte Mut bewiesen, als sie unaufgefordert beim König erschien, um das Leben der Juden zu retten (siehe Esther 1–5). Und das, obwohl sie wusste, dass darauf die Todesstrafe ausstand. Sie wusste nicht, wie es ausgehen würde, doch sie vertraute Gott. Und **dieses Vertrauen belohnt Gott immer!**

Mein Tag

Frage an mich

In welchem Bereich könnte ich mutiger werden?

Mein Gebet

»Jesus, ich vertraue dir! Bitte schenk du mir den Mut, den ich für mein Leben und den nächsten Schritt brauche! Amen.«

10

Januar

»›Hört auf!‹«, ruft er, »und erkennt, dass ich Gott bin!‹«
Psalm 46,11

Tipp des Tages

Mach dir bewusst: Während du wartest, arbeitet Gott für dich!

»Hör auf« zu zweifeln, zu schimpfen, zu lästern, zu weinen, zu streiten – so vieles kann man hier einsetzen und damit ersetzen, dass Gott Gott ist und ihm dadurch **alle Macht** über **alle deine Probleme** gegeben ist!

Mein Tag

Frage an mich

Welches Wort könnte ich hier aktuell einsetzen? Höre auf zu

Mein Gebet

»Jesus, ich will aufhören zu … und erkennen, dass du Gott bist! Amen!«

Tipp des Tages

Eine Reaktion ist lang nicht so effizient wie eine Aktion.

»Er sieht doch all mein Tun, er kennt jeden Schritt.«
Hiob 31,4

11
Januar

Es ist ein großer Unterschied, ob du das hier nur liest und sagst: »Voll gut!« oder ob du wirklich etwas daraus **machst**! **TU ETWAS!**

Mein Tag

Ziel des Tages

Ich will mir dessen bewusst sein, dass Gott all mein Tun und Handeln sieht, und deswegen bewusst etwas tun, bewusst Gutes tun!

Mein Gebet

»Jesus, ich möchte mehr sein als jemand, der einfach immer nur reagiert. Ich will agieren!
Öffne mir die Augen für das, was ich tun soll! Amen.«

12
Januar

»Ich bin das Licht für die Welt. Wer mir nachfolgt, irrt nicht mehr in der Dunkelheit umher, sondern folgt dem Licht, das ihn zum Leben führt!«
Johannes 8,12

Tipp des Tages

Gott ist nicht nur das Gegengift für deine Selbstzweifel – er ist die vollkommene Wahrheit!

In der Dunkelheit glauben wir die gefährlichsten Dinge wie: »Du bist nichts! Du kannst nichts!« Und genau deswegen hat Gott uns Jesus als LICHT gesandt, das uns die Wahrheit aufzeigt: »Du bist einzigartig! Wundervoll gemacht! Ich habe all meine Liebe in dich investiert. Die Welt braucht dich so, wie du bist!«

Mein Tag

Frage an mich

Wo verbringe ich mehr Zeit? In der Dunkelheit oder im Licht?

Mein Gebet

»Jesus, zieh mich in dein Licht der Wahrheit und zeige mir auf, wo ich mich von der Dunkelheit verleiten lasse, damit ich dem entgegenwirken kann. Amen.«

Tipp des Tages

Hinter jedem menschlichen NEIN befindet sich immer noch die wundervolle Möglichkeit eines göttlichen JAs!

»Denn ich allein weiß, was ich mit euch vorhabe: Ich, der Herr, werde euch Frieden schenken und euch aus dem Leid befreien. Ich gebe euch wieder Zukunft und Hoffnung.«
Jeremia 29,11

13 Januar

Egal, wo andere oder du selbst dir ein »Nein« im Leben gegeben haben, ein »Nein, das wird für dich niemals möglich sein«, darfst du wissen, dass Gott dir immer noch sein WUNDERvolles JA geben kann!

Mein Tag

Ziel des Tages

Ich will heute aus meinem hoffnungslosem »Nein« ein vertrauensvolles »Ja« machen!

Mein Gebet

»Jesus, ich richte meinen Blick auf zu dir. Dort, wo ich nicht mehr an ein JA für mich glauben kann, will ich dir vertrauen! Amen.«

14

Januar

»Wer Gott zum Vater hat, der hört, was Gott sagt!«
Johannes 8,47

Tipp des Tages

Indem du entscheidest, auf welche Stimme du hörst, entscheidest du, welche Stimme dein Leben führt!

Eigentlich weißt du ja, dass du auf Gott hören solltest. Und eigentlich weißt du ja auch, dass er das Beste für dich will. Doch im Alltag gibt es so viele Ablenkungen und Versuchungen, deswegen ist es so wertvoll, dich schon HEUTE MORGEN zu entscheiden, **auf ihn allein zu hören**!

Mein Tag

Ziel des Tages

Ich will Gott in all meinem Tun und Denken treu sein!

Mein Gebet

»Vater, hilf mir bitte, deine Stimme zu hören und auf sie zu hören! Amen.«

Tipp des Tages

Sei zielorientiert, nicht problem-fokussiert!

»Wer Gott liebt, dem dient alles, was geschieht, zum Guten!«
Römer 8,28

15 Januar

Wie reagierst du auf unerwartete Situationen? Siehst du zuerst das Problem oder die Möglichkeit darin? Gott möchte, dass du lernst, ihm zu vertrauen – denn durch dein Vertrauen wirst du sehr bald schon staunen!

Mein Tag

Ziel des Tages

Problemen mit einem vertrauensvollen Lächeln begegnen!

Mein Gebet

»Jesus, ich will positiv auf negative Situationen reagieren, weil ich glaube, dass du immer einen guten Plan für mich hast. Hilf mir bitte dabei. Amen.«

16

Januar

»Achte auf deine Gedanken
und Gefühle,
denn sie beeinflussen
dein ganzes Leben.«
Sprüche 4,23

Tipp des Tages

Ein schlechter Start ist kein schlechter Tag!

Selbst wenn in deinen Augen heute Morgen schon alles schiefgelaufen ist, bedeutet das nicht, dass der Rest des Tages genauso sein wird! Ganz wichtig: Lass dir nicht die Freude nehmen – Gott will dir auch heute noch so viel mehr davon geben!

Mein Tag

Ziel des Tages

Ich will heute TROTZDEM glücklich sein!

Mein Gebet

»Jesus, mir ist heute nicht so sehr nach »glücklich sein«. Doch ich weiß, dass du das ganz schnell ändern kannst. Und so bitte ich dich darum: Schenk mir bitte deine Freude! Amen.«

Tipp des Tages

Du kannst nicht erwarten zu bekommen, worum du nicht bittest.

»Bittet Gott und er wird euch geben!« Matthäus 7,7

17 Januar

»Ich hätte so gern ... Ich würde gern ... Ach, es wäre ein Traum, wenn ...!« Hast du auch manchmal solche Gedanken? Dann bring sie doch direkt vor Gott. Denn weißt du was? **Er** will **dir geben**, weil du sein Kind bist und er dich unendlich liebt!

Mein Tag

Frage an mich

Wieso bitte ich Gott nicht öfter um die Dinge, die ich gern hätte? Und was wäre das aktuell?

Mein Gebet

»Jesus, heute lege ich meine Wünsche und Träume vor dich hin. Und ich danke dir jetzt schon für all das, was du tun wirst. Amen.«

18
Januar

*»Ihr sollt heilig sein,
denn ich bin heilig.«*
1. Petrus 1,16

Tipp des Tages

Unfassbar groß
ist der Segen eines
heiligen Lebens.

»Heilig sein«. Was bedeutet das denn genau? Perfekt sein? Nein, dann hätte keiner von uns eine Chance. Heilig sein ist der tiefe Wunsch und konstante Versuch, Gott zu gefallen, mit ihm und für ihn zu leben. Wieso? Weil du von großem Wert bist und Gott sich wünscht, dass du gut mit diesem Wert umgehst und ihn schützt.

Mein Tag

Ziel des Tages

Ich will mich heilig verhalten.

Mein Gebet

»Jesus, danke, dass du mich heiligst und mich durch deine Liebe und deinen Geist in ein heiliges Leben führst. Hilf mir, so zu leben, wie es dir gefällt. Amen.«

Tipp des Tages

Gib deine Unsicherheit in seine Sicherheit!

»Sei mutig und entschlossen! Lass dich nicht einschüchtern und hab keine Angst!«
Josua 1,9

19
Januar

Du bist nicht nur dazu bestimmt zu leben, sondern auch dazu, Dinge zu er-leben! Nimm also, was in deinem Herzen ist, lass es lebendig werden und wage einen ersten Schritt in Richtung Er-leben!

Mein Tag

Ziel des Tages

Ich will meinem Traum heute durch einen ersten kleinen Schritt in die Realität verhelfen.

Mein Gebet

»Jesus, du hast viel in mein Herz gelegt, das ich bisher zurückgehalten habe, weil ich Angst hatte, es umzusetzen. Doch ich will ab heute nicht mehr nur damit leben, sondern er-leben, was du damit und dadurch tun kannst. Amen.«

20
Januar

»Gott aber hat ganz eindeutig bezeugt, dass er uns das ewige Leben schenkt, und zwar nur durch seinen Sohn. Wer also dem Sohn vertraut, der hat das ewige Leben; wer aber dem Sohn nicht vertraut, der hat auch das Leben nicht.«
1. Johannes 5, 11–12

Tipp des Tages

Dein Leben ist ein Geschenk – du darfst es auspacken!

Hast du jemals ein Geschenk bekommen, es dann aber nicht ausgepackt? Ich glaube kaum!
Genauso hat Jesus dir das **Geschenk des ewigen LEBENS** gegeben, indem er für dich starb, und wünscht sich nun, dass du es auspackst und LEBST!

Mein Tag

Frage an mich

Habe ich Jesu Geschenk schon angenommen und ausgepackt?

Mein Gebet

»Jesus, danke für dieses wundervolle Geschenk! Ja, ich will leben! Amen.«

Tipp des Tages

Bei deinem Erfinder wirst du alles finden!

»Der Herr ist der Schöpfer der Erde – er wird weder müde noch kraftlos!«
Jesaja 40,28

21 Januar

Bei Wikipedia steht: »Ein Erfinder ist jemand, der ein Problem erkannt und mindestens einmal gelöst hat.« Wie großartig! **DEIN Erfinder kennt deine Probleme** und er kann sie so was von lösen!

Mein Tag

Frage an mich

Lasse ich mich auch von meinem Erfinder finden? Und will ich ihn finden?

Mein Gebet

»Vater, du bist mein Erfinder. Ich brauche dich – einfach für alles! Danke für unsere so persönliche Beziehung! Amen.«

22 Januar

»Er gebe dir, was du dir von Herzen wünschst, was du dir vorgenommen hast, lasse er gelingen!«
Psalm 20,5

Tipp des Tages

Du verlierst niemals Zeit, wenn du dir Zeit für Gott nimmst!

Du kannst von dir aus nichts beschleunigen. Gott schon. Darum ist es wertvoller, Zeit mit ihm zu **verbringen**, als dich von den vielen To-dos von ihm **abbringen** zu lassen.

Mein Tag

Me Time

Ich will mir heute bewusst Zeit für mich nehmen, indem ich Zeit mit IHM verbringe.

Mein Gebet

»Jesus, ich möchte jetzt zu dir kommen, ganz egal, wie viel bei mir los ist. Weil ich weiß, dass du mir Gelingen schenken kannst. Und ich möchte dir dadurch zeigen, dass du mir wichtiger bist als alles andere. Amen.«

Tipp des Tages

Tu, was dir möglich ist, und du wirst sehen, wie Gott tut, was dir unmöglich ist!

»Denke bei jedem Schritt an ihn; er zeigt dir den richtigen Weg und krönt dein Handeln mit Erfolg.«
Sprüche 3,6

23 Januar

Mein Tag

Vielleicht ist es dir nicht möglich, selbst erfolgreich zu werden. Doch es ist dir möglich, **»bei jedem Schritt an ihn zu denken«**, nicht wahr? Und was darauf folgt? Sein Segen. Dein **Erfolg, den er schenkt!**

Ziel des Tages

Keine Alleingänge mehr!

Mein Gebet

»Jesus, ich will dich ganz bewusst in jedes Detail meines Lebens mit einbeziehen. Amen.«

24
Januar

»Schon als ich im Verborgenen Gestalt annahm, unsichtbar noch, kunstvoll gebildet im Leib meiner Mutter, da war ich dir dennoch nicht verborgen.«
Psalm 139,15

Tipp des Tages

Nur weil du etwas noch nicht siehst, heißt es nicht, dass es das nicht gibt!

Wenn Gott dich schon gesehen hat, bevor ein Mensch dich sehen konnte, dann kann er auch heute schon die Wunder in deinem Leben sehen, die du selbst und andere Menschen noch nicht sehen können und für unmöglich halten. Und vergiss nicht: Er ist ein Gott, der ein Wort spricht – und Dinge werden in die Existenz gerufen ...

Frage an mich

Was habe ich denn bisher als »unmöglich« abgestempelt? Kann ich heute glauben, dass es vielleicht doch möglich ist?

Mein Tag

Mein Gebet

»Jesus, ich will größer denken. Stärker glauben. Verstehen, wie mächtig du bist, und dadurch das Unmögliche nicht länger als unmöglich, sondern möglich sehen! Dank dir! Amen.«

Tipp des Tages

Freude entsteht, wenn du in der Wahrheit lebst!

»Auch ich will dir treu sein; lass mich nicht von dem Weg abkommen, den du mir gezeigt hast. […] Deine Gesetze machen mich glücklich.«
aus Psalm 119,10+16

25 Januar

Es ist wichtig, sich immer wieder folgende Frage zu stellen: »WILL ich heute WIRKLICH mit Jesus leben? Oder will ich meinen eigenen Plänen nachgehen und hoffen, dass er mitkommt?«

Mein Tag

Ziel des Tages

Ich will Freude finden, indem ich mich nach Gottes Willen richte.

Mein Gebet

»Jesus, hilf mir bitte, dir treu zu sein. Ich will es wirklich. Amen.«

26
Januar

»Seid nicht geizig!«
5. Mose 15,8

Tipp des Tages

Wer großzügig ver-schenkt wird, großzügig be-schenkt!

Es macht tatsächlich Spaß, **Menschen zu beschenken**! Hast du es schon einmal ausprobiert?
Garantiert bekommst du **mindestens FREUDE** zurück!

Mein Tag

Ziel des Tages

Heute will ich jemanden be-schenken!

Mein Gebet

»Jesus, ich bin durch dich so reich beschenkt worden! Hilf mir, nicht geizig mit deinen Gaben umzugehen, sondern großzügig zu leben und weiterzugeben. Amen.«

Tipp des Tages

Gib dem Selbstmitleid keinen Raum mehr! Steh auf und geh weiter – SELBST MIT LEID!

»Dein Glaube hat dir geholfen«.
Markus 10,52

27 Januar

Mein Tag

Wir alle fallen. Ob du liegen bleibst oder aufstehst, das ist jedoch eine Entscheidung. DEINE Entscheidung. Diese wird dir leichter fallen, wenn du **glaubst, dass Gott deine Lasten** für dich **trägt. Denn dann wirst du die Kraft bekommen – selbst mit Leid – weiterzugehen.**

Me Time

Heute will ich mir bewusst einen Moment für mich nehmen – um bewusst loszulassen. Und dann weiterzumachen.

Mein Gebet

»Jesus, ich lasse los. Ich will nicht länger im Selbstmitleid baden, sondern meine Lasten bei dir abladen. Danke. Amen.«

28
Januar

»Wenn du keinen Ausweg mehr siehst, dann rufe mich zu Hilfe! Ich will dich retten!«
Psalm 50,15

Tipp des Tages

Auch wenn du nicht verstehst, was gerade geschieht, Gott kämpft hinter den Kulissen und holt dir den Sieg!

Nicht immer sehen wir Gottes Hilfe. Und manchmal haben wir gar den Eindruck, dass er »nichts tut«. Doch ein Gott, der liebt, kann deinen Schmerz nicht ignorieren. Deswegen sprich mit ihm und **vertraue auf sein Wirken** – auch hinter den Kulissen!

Mein Tag

Ziel des Tages

Ich will Gott vertrauen – auch wenn ich meinen Sieg noch nicht sehen kann!

Mein Gebet

»Jesus, ja, ich rufe zu dir! Bitte rette mich! Amen.«

Tipp des Tages

Bist du vor dem Sturm bei Gott geborgen, wird er auch während des Sturmes für dich sorgen.

»Ich schütze dich und helfe dir, immer werde ich treu sein und dich nie verlassen.«
Hosea 2,21

29 Januar

Wenn du Kopfschmerzen hast, freust du dich doch auch, wenn du schon Kopfschmerztabletten zu Hause hast und nicht erst in die Apotheke gehen musst. Genauso ist es mit Jesus. **Er will JETZT** schon ein Teil deines Lebens sein, damit du weißt, dass er dir auch in schweren Zeiten helfen wird und du ihn dann nicht erst »suchen gehen« musst.

Mein Tag

Ziel des Tages

Weiß ich nur, dass es Jesus gibt, oder habe ich eine »wetterfeste« persönliche Beziehung zu ihm?

Mein Gebet

»Jesus, bitte ziehe du
in mein Leben ein – schon vor den Stürmen.
Ich brauche dich.
Amen.«

30
Januar

»Wenn ein guter Mensch spricht, zeigt sich, was an Gutem in seinem Herzen ist. Ein Mensch mit einem bösen Herzen ist innerlich voller Gift, und alle merken es, wenn er redet. Denn wovon das Herz erfüllt ist, das spricht der Mund aus.«
Lukas 6,45

Tipp des Tages

Verletzte Menschen verletzen.
Doch du kannst diesen Kreislauf durchbrechen!

Nimm nicht jedes verletzende Wort persönlich. Vergiss nicht, **dass nicht jeder die Liebe Gottes kennt** und deswegen oft die Verletzung aus deinem Gegenüber spricht und nicht sein wahrer Charakter.

Mein Tag

Ziel des Tages

Ich möchte vergeben.

Mein Gebet

»Jesus, hilf mir zu erkennen,
wo andere Menschen Liebe brauchen.
Selbst wenn sie mich
verletzt haben. Amen.«

Tipp des Tages

Liebe ist niemals umsonst verschenkt!

*»Bei allem,
was ihr tut, lasst euch
von der Liebe leiten.«
1. Korinther 2,14*

31 Januar

Die Liebe, die du weitergibst, kommt immer an! Auch wenn du es im ersten Moment nicht erkennen kannst. **Liebe weiter! Liebe stärker! Liebe lauter!**

Mein Tag

Ziel des Tages

Ich möchte ohne die Erwartung, etwas dafür zu bekommen, anderen Menschen Liebe schenken!

Mein Gebet

»Jesus, hilf mir bitte dabei, die Liebe weiterzugeben,
die du mir geschenkt hast! Amen.«

Notizen

Tipp des Tages

Verliere dich nicht in dem, was dir nichts bringt und nur deine wertvolle Zeit verschlingt!

»[...] werde nicht nachlässig, sondern sporne dich immer wieder an!«
Sprüche 3,3

01 Februar

Ah, dieses kleine Gerät, dieses Handy. Oder auch dieses größere Gerät, der Fernseher. Sind diese beiden nicht unheimliche »Zeitschlucker«? Wenn du überlegst, wie viel du in deiner »Bildschirmzeit« für das tun könntest, was Gott dir aufs Herz gelegt hat, dann... dann hast du heute die Möglichkeit, etwas daran zu ändern! **So ein guter Tag!**

Mein Tag

Ziel des Tages

Ich werde heute einmal bewusst darauf achten, wie ich mit meiner Zeit umgehe.

Mein Gebet

»Jesus, ich will meine wertvolle Zeit nicht von wertlosen Dingen verschlucken lassen. Ich möchte sie sinnvoll nutzen – für das, was du von mir möchtest! Bitte hilf mir, das zu erkennen! Amen.«

02 Februar

»Gott hat den Schuldschein, der uns mit seinen Forderungen so schwer belastete, eingelöst und auf ewig vernichtet, indem er ihn ans Kreuz nagelte.«
Kolosser 2,14

Tipp des Tages

Selbst dein GRÖSSTES Versagen will Jesus für dich tragen!

Lass die Fehler deiner Vergangenheit dir niemals die Freude an deiner Zukunft nehmen! **Komm heute damit zu Jesus** – er will dir vergeben!

Mein Tag

Frage an mich

Welcher Sünde aus der Vergangenheit gebe ich heute (unbewusst) noch Macht über meine Gegenwart und Zukunft?

Mein Gebet

»Jesus, ich bitte dich um Vergebung für meine Sünden.
Ich will frei werden von dieser Last.
Danke für das Kreuz, an dem du
alle meine Schuld getragen hast! Amen.«

Tipp des Tages

Kannst du heute vergeben, wirst du sehr bald das Geschenk der Freiheit erleben!

»Meine Gedanken sind nicht eure Gedanken und meine Wege sind nicht eure Wege.« Jesaja 55,8

03 Februar

Wer auch immer dich verletzt hat: »Vergib!« Denn du weißt nicht, was »dahintersteckt« – und vielleicht birgt diese Situation **eine WUNDERvolle Gelegenheit** (siehe Josef, 1. Mose 37,12–28).

Mein Tag

Ziel des Tages

Ich möchte heute endlich

____

vergeben!

Mein Gebet

»Jesus, hilf mir zu vergeben, auch ohne zu verstehen. Amen.«

04
Februar

»Lasst uns einander lieben, denn die Liebe kommt von Gott.«
1. Johannes 4,7

Tipp des Tages

Vergeben bedeutet leben.

Wie konnte Jesus, nachdem er ans Kreuz genagelt wurde, solche Worte aussprechen? Indem er bei Gott – DER LIEBE in Person – »anzapfte«. Wenn du es ebenso tust, wirst du **immer genug Liebe** haben, um anderen zu vergeben.

Mein Tag

Frage an mich

»Zapfe« ich bei Gott an oder versuche ich alles aus eigener Kraft zu schaffen?

Mein Gebet

»Jesus, ich bin ein von dir geliebter Mensch,
deswegen will ich auch andere lieben.
Hilf mir bitte dabei.
Amen.«

Tipp des Tages

Das Wort, das über deinem Leben steht, gewährt einen Einblick darauf, was in deinen Gedanken vor sich geht.

»Alles ist möglich, wenn du mir vertraust!«
Markus 9,23

05
Februar

Welches Wort steht denn über deinem Leben? Versagen oder Vergebung? Hoffnungslosigkeit oder Hoffnung? Zweifel oder Glaube? Du hast die Möglichkeit, **Vergebung, Hoffnung, Glaube** und so viel mehr auszustrahlen, wenn du dem vertraust, dem ALLES möglich ist!

Mein Tag

Frage an mich

Was strahle ich aus?

Mein Gebet

»Jesus, lass mein Vertrauen in dich stärker – und für andere sichtbar werden.
Amen.«

06
Februar

»In der Welt habt ihr Angst, aber lasst euch nicht entmutigen: Ich habe die Welt besiegt!«
Johannes 16,33

Tipp des Tages

Bereite dich auf das vor, worauf man sich nicht vorbereiten kann.

Es ist so wichtig, sich gerade auch an »guten Tagen« mit Gottes Wort zu beschäftigen, damit man an »schlechten Tagen« weiß, **dass Gott immer noch das letzte Wort – und den Sieg bereits errungen hat!**

Mein Tag

Frage an mich

Richte ich wirklich mein ganzes Leben nach Gott aus?

Mein Gebet

»Jesus, ich will immer in deiner Nähe leben. Amen.«

Tipp des Tages

Gott hat dir eine Stimme gegeben, um von dir zu hören. Nutze sie!

»Wir dürfen uns darauf verlassen, dass Gott unser Beten erhört, wenn wir ihn um etwas bitten, was seinem Willen entspricht.«
1. Johannes 5,14

07 Februar

Gott will nicht nur von dir hören: **Er will dich er-hören!**

Mein Tag

Ziel des Tages

Beten. Beten. Beten.

Mein Gebet

»Jesus, danke,
dass du so gerne von mir hörst.
Ich will lernen,
mein ganzes Leben mit dir zu teilen. Amen.«

08
Februar

»Als ich schon alle Hoffnung aufgegeben hatte, dachte ich an dich.«
Jona 2,8

Tipp des Tages

Willst du Veränderung erleben, musst du neue Gedanken hegen.

Es ist leicht, sich verunsichern zu lassen, wenn alles um dich herum schreit: »Das wird niemals funktionieren.« Deswegen ist es so wichtig, dass du dein Denken heute bewusst auf Gott richtest, **weil ihm alles möglich ist!**

Mein Tag

Ziel des Tages

Ich will heute meinen Pessimismus in Optimismus verwandeln!

Mein Gebet

»Jesus, bitte beschütze meine Gedanken – ich will mich nicht ablenken, sondern von dir lenken lassen! Amen.«

Tipp des Tages

Auf jedes Fragezeichen in deinem Leben will Gott dir ein Ausrufezeichen seiner Macht und Liebe geben!

»Soll ich den bitteren Kelch, den mir der Vater gegeben hat, etwa nicht trinken?«
Johannes 18,11; NGÜ

09
Februar

Manchmal tut das Leben weh und hinterlässt große Fragezeichen in dir. Dann ist **der Moment für dein Wunder** gekommen, das Gott schon sehen kann – und du bald erleben wirst!

Mein Tag

Frage an mich

Kann ich vertrauen, dass Gott auch jetzt – wo ich es nicht sehen kann – mein Bestes will?

Mein Gebet

»Jesus, ich bitte dich darum,
dass das Ausrufezeichen deiner Macht und Liebe mein aktuelles Fragezeichen ersetzt. Amen.«

10 Februar

»Wenn jemand deine Unterstützung braucht und du ihm helfen kannst, dann weigere dich nicht.«
Sprüche 3,27

Tipp des Tages

Dieser Tag wird dir guttun, wenn du heute Gutes tust.

Teilen kann auch bedeuten: meine Zeit mit anderen zu teilen – indem man zum Beispiel für jemanden da ist, der gerade ein offenes Ohr braucht. Selbst wenn du gerade denkst »Aber ich habe doch so viele eigene Sorgen«, schenk jemandem deine Zeit und du wirst erleben: Teilen bedeutet, abzugeben, um **im Gegenzug das Doppelte an Freude** zu erleben!

Mein Tag

Ziel des Tages

Ich möchte heute einer Person ganz bewusst Gutes tun!

Mein Gebet

»Jesus, ich will heute Gutes tun. Aus Dankbarkeit – weil du MIR schon so oft Gutes getan hast. Ich möchte heute anderen durch mein großzügiges Verhalten zeigen, wie groß deine Liebe ist. Amen.«

Tipp des Tages

Handle aus einem Gebet – und nicht aus einem Gefühl heraus.

»Das verstehst du jetzt noch nicht, aber später wirst du es verstehen.«
Johannes 13,7

11 Februar

So vieles geschieht im Leben, das wir weder einordnen noch verstehen können. Doch für Gott ist das keine Neuigkeit. Er hat uns schon gesagt, dass es so sein würde – und uns eingeladen, ihm **trotzdem zu vertrauen**. Willst du es heute einmal ausprobieren und ganz egal, was der Tag auch bringen mag, jetzt schon entscheiden »Ich werde **zuerst beten** – und **dann** loslegen«?

Mein Tag

Me Time

Heute nehme ich mir bewusst die Zeit, um bei allen Angelegenheiten aus dem Gebet heraus zu handeln!

Mein Gebet

»Jesus, hilf mir bitte, dich bewusst zu meiner ersten Anlaufstelle zu machen! Amen.«

12 Februar

»Wenn ihr mich sucht, werdet ihr mich finden. Ja, wenn ihr mich von ganzem Herzen sucht, will ich mich von euch finden lassen.«
Jeremia 29,13

Tipp des Tages

Du kannst dich darauf verlassen, dass er sich finden lässt, wenn du ihn suchst!

Hast du schon einmal etwas verloren? Oder einfach verlegt? Zum Beispiel dein Smartphone oder den Autoschlüssel? Wie reagierst du auf solche Situationen? **Verzweifelst du oder betest du** erst einmal? Lass das Gebet immer und überall zu deiner ersten Reaktion werden! Denn das ist genau der Schlüssel, mit dem du Gott – und vielleicht auch alles Verlorengegangene – finden wirst!

Mein Tag

Me Time

Heute nehme ich mir Zeit – um sie Gott zu schenken.

Mein Gebet

»Jesus, bitte lass mich heute spüren, dass du bei mir bist. Ganz nah. Amen.«

Tipp des Tages

Mach aus deinem »Ja, aber ...!« ein: »Jetzt aber!«

»Zweifle nicht länger, sondern glaube!«
Johannes 20,27

13 Februar

»Zweifelst du noch oder glaubst du schon?« Jetzt im Ernst: Wie startest du in den Tag? Voller Zweifel oder voller Glaube? **Dein Zweifeln wird dir immer nehmen, was dir der Glaube geben möchte!** Und: Dein Zweifeln wird dich immer wertvolle Zeit kosten. Du kannst dich aber heute – und das wäre ein großer Schritt – entscheiden ZU GLAUBEN, bevor die Zweifel sich bei dir melden ...! Also, glaube nur!

Mein Tag

Frage an mich

In welchem Bereich meines Lebens brauche ich mehr Glauben?

Mein Gebet

»Jesus, hilf meinem Unglauben und beseitige bitte meine Zweifel. Ich will glauben. Amen.«

14
Februar

»Das Einzigartige an dieser Liebe ist: Nicht wir haben Gott geliebt, sondern er hat uns seine Liebe geschenkt.«
1. Johannes 4,10

Tipp des Tages

Dein Herz kann nicht öfter brechen, als es wieder geheilt werden kann!

DU wirst geliebt! Daran besteht kein Zweifel. Der einzige Zweifel, der daran bestehen kann, ist der Zweifel, den du zulässt.

Mein Tag

Ziel des Tages

Durch alle Emotionen will ich GLAUBEN, dass ich geliebt werde!

Mein Gebet

»Jesus, es fällt mir schwer, deine Liebe anzunehmen,
da ich dich nicht sehe und auch nicht immer spüre.
Bitte lass mich gerade heute deine Liebe besonders spüren.
Amen.«

Tipp des Tages

Glaube nicht nur,
dass du glaubst,
sondern GLAUBE!

»Wie glücklich können erst die sein, die mich nicht sehen und trotzdem glauben!«
Johannes 20,29

15
Februar

»Ich glaube« ist eine Aussage, die auch eine sehr wackelige Vermutung meinen kann: »Ich glaube, sie wollte um 18 Uhr da sein.« Das ist nicht sicher und somit nicht sehr hilfreich, wenn es um das geht, was du wirklich glaubst. Mach aus deinem »Ich glaube?« ein: »Ich glaube!« mit einem großen Ausrufezeichen!

Mein Tag

Frage an mich

Steht hinter meinem »Ich glaube« ein Ausrufezeichen oder ein Fragezeichen?

Mein Gebet

»Jesus, ich gebe zu, immer wieder auch ›wackelig‹ zu glauben, weil ich dich nicht sehen kann. Doch ich möchte mit einem Ausrufezeichen glauben. Hilfst du mir bitte dabei? Amen.«

16 Februar

»Aus seinem göttlichen Reichtum hat er uns immer und immer wieder mit seiner grenzenlosen Liebe beschenkt.«
Johannes 1,16

Tipp des Tages

Du kannst nur etwas von dir geben, wenn du etwas zu dir genommen hast.

Gott liebt es, wenn du Menschen liebst und beschenkst. Vielleicht sagst du: »Das fällt mir aber schwer.« Dann **lass dich selbst von ihm lieben und beschenken**, indem du Zeit mit ihm verbringst – und du wirst sehen, wie dein Herz voll wird und irgendwann so überläuft, dass du problemlos weitergeben kannst!

Mein Tag

Ziel des Tages

Ich möchte heute Zeit mit Gott verbringen, um selbst »etwas zu mir zu nehmen«.

Mein Gebet

»Jesus, ich fühle mich leer.
Bitte sei du mir heute nah und fülle meinen Liebestank wieder auf, damit ich weitergeben kann.
Amen.«

Tipp des Tages

Du kannst die Menschen um dich herum nicht verändern, aber du kannst die *Menschen* um dich herum ändern.

»Wenn du mit vernünftigen Menschen Umgang pflegst, wirst du selbst vernünftig. Wenn du dich mit Dummköpfen einlässt, schadest du dir nur.«
Sprüche 13,20

17 Februar

Mein Tag

Du warst und bist Gott ALLES wert! Sei du es dir nun auch wert, **dich selbst zu schützen** und dich deswegen mit Menschen zu umgeben, die gut für dich sind und dir guttun.

Frage an mich

Wie sieht mein Umfeld aus? Tut es mir gut oder herrscht hier Handlungsbedarf?

Mein Gebet

»Jesus, danke für deine große Liebe!
Schenk mir Weisheit, um zu erkennen,
ob ich mit den richtigen Menschen unterwegs bin
oder nicht. Amen.«

18
Februar

»Hört niemals auf zu beten!«
1. Thessalonicher 5,17

Tipp des Tages

Rede nicht drüber, bete drüber!

Mit anderen über unsere Angelegenheiten zu reden, fällt oft uns leichter, als drüber zu beten. Dabei ist Beten ja ein Reden mit Gott – mit dem großen Unterschied, dass er **auf ALLES eine Antwort** hat!

Mein Tag

Ziel des Tages

Ich möchte immer erst »drüber beten«.

Mein Gebet

»Jesus, ich komme heute zu dir, weil ich nicht länger mit anderen »drüber reden«, sondern »drüber beten« möchte. Danke, dass du die Lösung für mich schon hast! Amen.«

Tipp des Tages

Nutze Lob immer vor Kritik.

»[...] baut die Mutlosen auf«
1. Thessalonicher 5,14

19 Februar

Mein Tag

Oftmals ist es leichter, Kritik auszusprechen als zu loben, weil wir dadurch von unseren eigenen Fehlern ablenken. Dabei steckt im **Aussprechen einer Ermutigung** so viel Wert – nicht nur für die anderen, sondern auch für dich, denn die Ermutigung wird definitiv zu dir zurückkommen!

Ziel des Tages

Ich möchte nicht die negativen, sondern die positiven Seiten der Menschen um mich herum ansprechen!

Mein Gebet

»Jesus, bitte hilf mir dabei, Menschen zu ermutigen! Amen.«

20 Februar

»Doch Thomas zweifelte: Das glaube ich nicht.«
Johannes 20,25

Tipp des Tages

Jesus will dir Freiheit geben – lass sie dir nicht von deinen Zweifeln nehmen!

Die anderen Jünger hatten Jesus nach der Auferstehung gesehen! Doch Thomas war nicht dabei gewesen und zweifelte deshalb. Pass auf, nicht den gleichen Fehler zu machen, wenn du in der Bibel liest. Denke nicht: »Das gilt aber nicht mir, da werden doch andere angesprochen.« Denn **JEDES WORT gilt auch dir!**

Mein Tag

Frage an mich

Glaube ich, dass Gott MICH meint, wenn ich in der Bibel lese?

Mein Gebet

»Jesus, du hast mir dein Wort gegeben
und ich will dadurch die von dir geschenkte Freiheit erleben!
Amen.«

Tipp des Tages

Dein Versagen ist eine Erinnerung daran, dass du Gott brauchst!

»Josua zerriss entsetzt sein Gewand und warf sich mit den Ältesten des Volkes vor der Bundeslade zu Boden. [...] Dann betete Josua.«
Josua 7,6

21 Februar

Du wünschst dir so sehr, ein gottgefälliges Leben zu führen, doch dann passiert es wieder ... Lass dir sagen, dass **Gott weiß, wie sehr du es versuchst** – laufe nicht weg, wenn du versagst, laufe gerade dann ZU IHM.

Mein Tag

Frage an mich

Gibt es einen Grund, weshalb ich immer wieder in die gleiche Falle tappe?

Mein Gebet

»Jesus, ich fühle mich so schmutzig.
Bitte vergib mir meine Schuld. Ich will dir doch gefallen.
Danke, dass du so viel Geduld mit mir hast!
Amen.«

22

Februar

»Ich habe euch schon immer geliebt, darum bin ich euch stets mit Güte begegnet.«
Jeremia 31,3

Tipp des Tages

Wie du Gott siehst, hat eine Auswirkung darauf, was du glaubst.

Gott sitzt nicht im Himmel und wartet auf deinen nächsten Fehler, um dich dann zu bestrafen. Er hat dich von Anfang an gewollt (siehe Psalm 139,13)! Ja, er hat dir durch den Tod seines Sohnes seine endlose Liebe bewiesen – und **er will dich bis in alle Ewigkeit lieben**. DAS ist der Gott, an den du glaubst.

Mein Tag

Frage an mich

Was habe ich für ein Gottesbild?

Mein Gebet

»Vater, hilf mir zu verstehen,
wie du wirklich bist.
Auch ich liebe dich. Amen.«

Tipp des Tages

Träume von dem, was Gott alles kann, und du wirst schnell erkennen: Das ist erst der Anfang!

»Gott aber kann viel mehr tun, als wir jemals von ihm erbitten oder uns auch nur vorstellen können.«
Epheser 3,20

23 Februar

Wovon träumst du? Was wünschst du dir? Behalte das nicht für dich, sondern **rede mit Gott darüber**, weil ihm ALLES möglich ist.

Mein Tag

Me Time

Nimm dir heute Zeit, um deine Träume aufzuschreiben und darüber zu beten.

Mein Gebet

»DANKE, Jesus,
dass du mir so viel Gutes tun möchtest!
Wie groß ist doch deine Liebe!
Amen.«

24

Februar

»Freut euch zu jeder Zeit!«
1. Thessalonicher 5,16

Tipp des Tages

Ein glücklicher Tag beginnt mit der ENTSCHEIDUNG, heute alles gerne zu machen.

Vielleicht hast du nicht wirklich Lust, die Dinge, die heute anstehen, zu erledigen. Doch du kannst dich dafür **entscheiden,** sie heute **mit Freude anzugehen** – und dabei ein kleines Wunder zu erleben!

Mein Tag

Ziel des Tages

GERNE arbeiten.
GERNE leben. GERNE sein.

Mein Gebet

»Jesus, ich entscheide mich,
heute alles gerne zu machen!
Bitte überrasche mich mit deiner Freude
für all diese Dinge! Amen.«

Tipp des Tages

Egal, wo du bist, lass durch dich scheinen Gottes rettendes Licht.

»Wen soll ich als Boten zu meinem Volk senden? Wer ist bereit zu gehen?« Jesaja 6,8

25 Februar

Gott sucht nicht nach Menschen, die perfekt sind. **Er sucht nach Menschen, die bereit sind!**

Mein Tag

Frage an mich

Wenn ich wirklich glauben könnte, dass Gott MICH senden möchte, wäre ich dann auch wirklich bereit, mich senden zu lassen?

Mein Gebet

»Jesus, heute sage ich:
Hier bin ich, sende mich! Amen.«

26
Februar

»Denn wenn du mit deinem Mund bekennst: ›Jesus ist der Herr‹, und wenn du von ganzem Herzen glaubst, dass Gott ihn von den Toten auferweckt hat, dann wirst du gerettet werden.«
Römer 10,9

Tipp des Tages

Du trägst einen Schatz in dir, nach dem sich viele sehnen. Sei mutig und fang an, anderen davon zu erzählen!

Du hast so viel weiterzugeben – und ganz sicher wirst du auch heute die nächste Gelegenheit bekommen, davon zu erzählen!

Mein Tag

Ziel des Tages

Ich möchte heute das, was in mir ist, an andere weitergeben. Ob es ein Lächeln, ein nettes Wort, ein von mir gezeichnetes Bild oder etwas anderes ist.

Mein Gebet

»Jesus, vergib mir, dass ich meinen Glauben
und die damit verbundene Hoffnung so oft für mich behalte.
Hilf mir bitte, im richtigen Moment
die richtigen Worte zu finden. Amen.«

Tipp des Tages

Kein Tag ist unbedeutend, wenn du ihm Bedeutung schenkst.

»Diesen Tag
hat er zum Fest gemacht,
lasst uns fröhlich sein
und jubeln!«
Psalm 118,24

27 Februar

Geschenke verbinden wir gedanklich gleich mit einem Festtag. Und wenn jemand sagt: »Jeder Tag ist ein Geschenk«, dann nicken wir zustimmend. Wie lebst du also mit diesem Geschenk, dass sich »HEUTE« nennt?

Mein Tag

Ziel des Tages

Ich will diesen Tag als Geschenk sehen.

Mein Gebet

»Jesus, DANKE für diesen Tag!
Ich freue mich über alles,
was du heute mit mir und durch mich vorhast! Amen.«

28
Februar

»Zeige mir, wohin ich gehen soll [...] Hilf mir, so zu leben, wie du es willst, denn du bist mein Gott! Führe mich durch deinen guten Geist!«
Psalm 143,8–10

Tipp des Tages

Wenn du ganz du selbst werden willst, musst du auch deinen eigenen und nicht den Weg eines anderen gehen.

Dich braucht die Welt, weil du bist, wie du bist! Lass dir das nicht nehmen, sondern lerne heute, deinen eigenen – von Gott vorbereiteten – Weg zu gehen!

Mein Tag

Ziel des Tages

Ich möchte heute etwas tun, das ich mich bisher nicht getraut habe, aber das genau »mein Ding« ist.

Mein Gebet

»Jesus, ich bin bereit, meinen eigenen Weg zu gehen.
Bitte führe du den Stift,
der meine Geschichte schreiben wird. Amen.«

Tipp des Tages

Es geht ihm nicht darum, WAS du für ihn tust, sondern darum, wie sehr du ihn und seine Nähe suchst!

»Der Herr ist bei euch, solange ihr bei ihm bleibt.«
2. Chronik 15,2

01
März

Setz dich nicht so unter Druck! Lass dich doch einfach von Gott lieben! Wie? **Sei BEI IHM.**

Mein Tag

Frage an mich

Wie sehr suche ich Gottes Nähe tatsächlich im Alltag?

Mein Gebet

»Jesus, hilf mir zu verstehen,
dass du mich liebst
für die Person, die ich bin, und nicht für das,
was ich leiste. Amen.«

02
März

*»Ihr dürft sicher sein:
Ich bin immer bei euch,
bis das Ende der Welt
gekommen ist!«
Matthäus 28,20*

Tipp des Tages

Du hast IMMER die Möglichkeit, aus Einsamkeit Zweisamkeit zu machen.

Du musst gar nicht einsam sein! Jesus hat dir VERSPROCHEN, immer bei dir zu sein! Und das ist er auch HEUTE.

Mein Tag

Ziel des Tages

Ich möchte aus meiner Einsamkeit bewusst Zweisamkeit machen.

Mein Gebet

»Jesus, darf ich dich bitten,
mir heute spürbar nahe zu sein?
Ich brauche dich. Danke! Amen.«

Tipp des Tages

Das ist deine Zeit!

»Wenn du jetzt nichts unternimmst, wird von anderswoher Hilfe kommen!«
Esther 4,14

03
März

Gott hat etwas vor mit dir! Das steht fest. Doch hoffentlich stehst du nicht fest, weil dir der Mut fehlt. Denn das, **was vor dir liegt, ist es wert,** sich von seinem alten Platz zu bewegen.

Mein Tag

Frage an mich

Wo stecke ich gerade fest und habe diesen sanften »Tritt« heute gebraucht?

Mein Gebet

»Jesus, ich will nicht länger stehen, sondern weitergehen – und dein klares Wirken durch mich erleben! Amen.«

04
März

»Ich habe dich bei deinem Namen gerufen. Du gehörst zu mir.«
Jesaja 43,1

Tipp des Tages

Es ist besser, ETWAS zu verlieren, als SICH SELBST zu verlieren!

Im ersten Moment tut es meist weh, etwas zu verlieren, das einem so wertvoll war. Manchmal muss man auch etwas loslassen, weil man merkt, dass es einem nicht guttut. In alldem **ist es wichtig zu wissen, zu wem man an erster Stelle gehört.** Denn das gibt einem die Sicherheit, dass dieser Weg der richtige ist.

Mein Tag

Frage an mich

Wo laufe ich aktuell Gefahr, mich selbst zu verlieren?

Mein Gebet

»Jesus, nicht alles in meinem Leben kann ich verstehen. Doch ich habe dir mein Leben gegeben, deswegen vertraue ich dir. Danke, dass du mich davor bewahrst, mich selbst zu verlieren. Amen.«

Tipp des Tages

Versuche alles,
was du heute tust,
so gut zu machen
wie nie zuvor.

»Nur wer im Kleinen treu ist, wird es auch im Großen sein.«
Lukas 16,10

05
März

Versuche heute alles so gut zu machen wie nur möglich. Egal, was es ist – selbst die »mühsamen« Dinge. Als Josef von seinen Brüdern verkauft wurde und dann an einem Ort landete, wo er nie sein wollte – im Gefängnis –, gab er dennoch sein Bestes. Und das führte ihn nicht nur in die Freiheit, sondern in eine außergewöhnliche Position, die er ohne diese »unschöne Situation« nie erreicht hätte!

Mein Tag

Ziel des Tages

Ein bisschen weniger Social-Media-Zeit einplanen und dafür ein bisschen mehr Fleiß in Herzensprojekte investieren.

Mein Gebet

»Jesus, lass mich die Auswirkungen
meines Fleißes erkennen und nicht verpassen,
was du für mich vorgesehen hast.
Amen.«

06
März

*»Darum lebe
nicht mehr ich, sondern
Christus lebt in mir!«
Galater 2,20*

Tipp des Tages

Jesus starb, damit du leben kannst! Darum lebe, bevor du stirbst!

Leben! Leben! Leben! Dafür hat Jesus alles gegeben! Er wurde **gefangen genommen, damit du frei sein** kannst, und er starb, damit du leben kannst! Darum LEBE heute in der FREIHEIT, die er dir schenkt!

Mein Tag

Ziel des Tages

Ich will leben! Und mir Hilfe holen, falls ich diese dazu brauche.

Mein Gebet

»Jesus, ich will nicht
mein wahres Leben verpassen.
Bitte schenk mir die Kraft und Motivation,
heute voll durchzustarten! Amen.«

Tipp des Tages

Die beste Waffe gegen Furcht ist Vertrauen.

»Wer auf ihn vertraut, steht fest und sicher.«
Römer 10,11

07
März

Du könntest sagen: »Hätte ich damals bloß« oder »Wäre ich doch woanders geboren…« Doch darin spiegelt sich nur Furcht und kein Vertrauen wider. **Wenn du Gott wirklich vertraust,** wirst du sagen können: »Und gerade, weil ich…« oder »Und trotzdem weiß ich, dass meinem Gott alles möglich ist.«

Mein Tag

Frage an mich

Lebe ich mit einem »Hätte, wäre ich bloß« oder einem »Und trotzdem vertraue ich«?

Mein Gebet

»Jesus, hilf mir,
dir so sehr zu vertrauen,
dass ich jede Furcht verliere!
Amen.«

08
März

*»Worte haben Macht:
sie können über Leben
und Tod entscheiden.
Darum ist jeder für die
Folgen seiner Worte
verantwortlich.«
Sprüche 18,21*

Tipp des Tages

Ändere deine Sprache und dein Leben wird sich ändern!

Ist es nicht großartig, dass **du allein entscheidest**, welche Worte deinen Mund verlassen? Also darfst du auch entscheiden, GUTES über dich selbst und andere auszusprechen = du wirst glücklicher!

Mein Tag

Ziel des Tages

Ich möchte auf meine Worte achten!

Mein Gebet

»Jesus, bitte hilf mir dabei,
meine Worte weise einzusetzen und Gutes
über mich und andere auszusprechen.
Amen.«

Tipp des Tages

Stell die Lügen
unter Gottes Licht,
und du wirst
erkennen,
was die Wahrheit ist!

»[…] er [der Teufel] ist der Lügner schlechthin. […] wer Gott zum Vater hat, der hört, was Gott sagt.«
Johannes 8,44–47

09
März

Die Bibel ist sehr klar: Es gibt den Lügner, der dir immer wieder einreden möchte, dass du nicht genug bist. Doch sie ist auch sehr klar darin, dass du die Wahl hast, dem Lügner zu glauben oder Jesus, der dir sagt, dass du **mehr als genug** bist!

Mein Tag

Ziel des Tages

Ich möchte bewusst gegen die Gedanken ankämpfen, die der Lüge Raum schenken.

Mein Gebet

»Jesus, bitte öffne meine Ohren
für die Wahrheit
und verschließe sie für die Lüge.
Danke für deine Liebe. Amen.«

10

März

»Seid stille
und erkennet,
dass ich Gott bin.«
Psalm 46,10; LU

Tipp des Tages

Je leiser du bist,
desto mehr hörst du.

Meist fällt es uns leichter, sich den Schmerz bei Freunden/Freundinnen von der Seele zu reden. Doch was wirklich, wirklich hilft, das sind die **Momente der Stille**, in denen wir uns vor Gott ausweinen, um dann zu HÖREN, was ER uns sagen möchte.

Mein Tag

Ziel des Tages

Heute suche ich bewusst die Stille, um Gottes Stimme zu hören!

Mein Gebet

»Jesus, mein Herz ist heute schwer
und ich finde kaum noch Worte. Darf ich dich bitten,
in dieser Stille laut in mein Leben
hineinzusprechen? Amen.«

Tipp des Tages

Glauben bedeutet, überzeugt sein. Überzeugt sein bedeutet, ich lasse Gott in mein ganzes Leben rein!

*»Der Herr ist unser Gott,
der Herr allein. Ihr sollt ihn
von ganzem Herzen lieben,
mit ganzer Hingabe,
mit all eurer Kraft.«
5. Mose 6,4–5*

11 März

Gott kann so viel – und **er möchte so viel in deinem Leben tun**! Das geht aber nur, wenn du ihm auch eine Vollzeit- und nicht nur eine Teilzeitstelle in deinem Leben gibst …

Mein Tag

Frage an mich

Wie sehr glaube ich eigentlich, dass ich Gott brauche?

Mein Gebet

»Jesus, ich gebe dir heute ganz bewusst
mein ganzes Leben – nicht nur einen Teil davon.
Amen.«

12
März

»Jetzt wollen wir den Menschen machen, unser Ebenbild, das uns ähnlich ist.«
1. Mose 1,26

Tipp des Tages

Wenn du wirst,
wie du über dich
denkst, wieso
denkst du dann nicht
einfach, dass du
wunderbar wirst?

Das war von Anfang an Gottes Plan! Dass DU ihm ähnlich wirst – auch wenn du dich heute noch nicht so fühlst, lass dir sagen, **dass Gott dich jetzt schon so sieht!**

Mein Tag

Frage an mich

Was gefällt mir eigentlich an mir?

Mein Gebet

»Jesus, vergib mir bitte,
dass ich oft das sehe und ausspreche,
was mir an mir ›noch nicht‹ passt. Hilf mir bitte,
mich mit deinen Augen zu sehen. Amen.«

Tipp des Tages

Manches muss man
erst müssen,
um zu sehen,
dass man es kann.

»Ich sehe immer auf den Herrn. Er steht mir zur Seite!«
Psalm 16,8

13
März

Mein Tag

Heute wartet ein neuer, frischer Tag auf dich! Ist das nicht **die perfekte Gelegenheit**, um das zu tun, wovor du eigentlich Angst hast? Du musst dich nicht einmal fürchten, denn Gott ist ja bei dir! **Jetzt braucht es nur noch DICH!**

Ziel des Tages

Ich will das, was mir Angst macht, mutig angehen!

Mein Gebet

»Danke, dass du immer bei mir bist!
Ja, ich will heute
über mich selbst hinauswachsen!
Das wird ein starker Tag! Amen.«

14
März

»Die Waffen, mit denen wir unseren Kampf führen, sind nicht die Waffen dieser Welt. Es sind Waffen von durchschlagender Kraft, die dazu dienen, im Einsatz für Gott feindliche Festungen zu zerstören. Mit diesen Waffen bringen wir ›eigenmächtige‹ Gedankengebäude zum Einsturz.« 2. Korinther 10,4

Tipp des Tages

Beherrsche deine Gedanken und lass dich nicht von deinen Gedanken beherrschen.

Weißt du, was »eigenmächtig« bedeutet? Es bedeutet: »Ohne Befugnis«. Du kannst den Gedanken, die dir schaden, den Zutritt verweigern, indem du sie mit den Waffen bekämpfst, die Gott dir zur Verfügung stellt!

Mein Tag

Frage an mich

Habe ich Gott schon einmal um Hilfe gebeten, wenn es um meine Gedanken ging?

Mein Gebet

»Danke, Jesus, dass ich niemals allein kämpfen muss.
Danke, dass du mir die richtigen Waffen gibst,
um auch den Kampf der Gedanken zu gewinnen.
Amen.«

Tipp des Tages

Du findest die Kraft in dem Glauben, den du hast!

»Da suchte David Zuflucht
bei seinem Gott,
und das Vertrauen
auf den Herrn gab ihm
wieder Mut und Kraft.«
1. Samuel 30,6

15
März

Weißt du was? David hatte einen echt schlechten Tag. Alles und alle waren gegen ihn. Doch er verfiel nicht in Selbstmitleid. **Er ermutigte sich selbst,** indem er zu Gott rannte und weiterglaubte!

Mein Tag

Frage an mich

In welchem Bereich bin ich versucht, lieber in meinem Selbstmitleid zu versinken, als weiterzukämpfen?

Mein Gebet

»Jesus, hilf mir
rechtzeitig einzulenken,
wenn ich wieder in Selbstmitleid versinken möchte,
anstatt meine Kraft bei dir zu holen! Amen.«

16
März

*»Das Einzigartige
an dieser Liebe ist:
Nicht wir haben Gott
geliebt, sondern er hat uns
seine Liebe geschenkt.«
1. Johannes 4,10*

Tipp des Tages

Jesus will dich so, wie du bist, weil er sieht, was möglich ist, wenn du ihn wirklich willst!

Gerade in diesem Moment. So, wie du jetzt dasitzt. Genau so liebt dich Gott! Und er hört damit auch nicht auf, sondern setzt noch einen obendrauf: Er will dir noch viel mehr von seiner Liebe und Möglichkeiten zeigen! **Er will DURCH DICH Wundergeschichten schreiben!**

Me Time

Gönn dir einen Moment der Selbstliebe. Wenn ER dich so liebt, solltest du selbst spätestens heute auch damit anfangen und dich selbst lieben.

Mein Tag

Mein Gebet

»Heute will ich einfach DANKE sagen.
Danke, dass du mich so sehr liebst,
dass es unmöglich ist,
es jemals ganz zu begreifen! Amen.«

Tipp des Tages

Zufriedenheit kann man lernen. Schritt 1: Hör auf dich zu beschweren.

»Denn ich habe gelernt, in jeder Lebenslage zufrieden zu sein. […] Nichts ist mir unmöglich, weil der, der bei mir ist, mich stark macht.« Philipper 4,11+13

17 März

Kennst du das, wenn die Dinge nicht so laufen, wie geplant? Du stehst morgens auf und freust dich eigentlich auf den Tag, doch dann läuft eine Sache nach der anderen schief. Ganz schnell rutscht einem dann ein: »Das ist ein doofer Tag« heraus.

Weißt du, was deshalb gerade an diesen Tagen so wichtig ist? **Dass du dich an den erinnerst, der Wunder tut**! Auch wenn es gar nicht mehr danach aussieht: Sprich aus, woran du glaubst, und nicht, wonach es gerade ausschaut!

Mein Tag

Frage an mich

Gehöre ich eher zu den Nörglern oder bin ich der »zufriedene Typ«?

Mein Gebet

»Oh, da habe ich mich selbst ertappt. So oft bin ich unzufrieden, dabei habe ich ja alles: Ich habe dich! Bitte vergib mir und hilf mir dabei, Zufriedenheit zu lernen. Amen.«

18

März

»Vertraut auf den Herrn, euren Gott, dann wird euch nichts geschehen!«
2. Chronik 20,20

Tipp des Tages

Wer vertraut, der staunt!

Als Mose mit den Israeliten vor dem Meer stand und sie nicht weiterkonnten, war definitiv keine Hoffnung zu sehen! Doch er entschied sich, dennoch zu gehen! Und siehe da: **Das Meer teilte sich vor seinen Augen!** Auch du darfst Gott vertrauen und glaub mir: Das endet immer mit Staunen!

Mein Tag

Ziel des Tages

Ich möchte Gott in meiner Situation VERTRAUEN.

Mein Gebet

»Jesus, im Moment habe ich auch solch eine unmögliche Situation vor mir. Aber ich weiß, dass dir alles möglich ist. Deswegen möchte ich dir vertrauen. Amen.«

Tipp des Tages

Das, was du in deinem Leben an die erste Stelle setzt, wird auch an erster Stelle sein!

»Es soll euch zuerst um Gottes Reich und Gottes Gerechtigkeit gehen, dann wird euch das Übrige alles dazugegeben.«
Matthäus 6,33; NGÜ

19 März

So vieles mag dir heute dringend erscheinen. So vieles mag dir deine kostbare Zeit rauben. Emotionen. Termine. Sogar Selbstzweifel. Wie wäre es, wenn du dennoch oder erst recht den Tag **mit Gott** beginnst und ihn bittest, dir zu zeigen, was **ihm** denn wichtig ist?

Mein Tag

Ziel des Tages

Ich möchte immer wieder einen Schritt auf Jesus zugehen, bevor ich selbst loslege.

Mein Gebet

»Jesus, menschlich gesehen will ich lieber selbst schnell klären, was zu klären ist. Doch ich weiß, dass du das besser kannst als ich, deswegen will ich meine Angelegenheiten vor dich bringen, bevor ich selbst etwas unternehme. Zeige mir dabei bitte, was DIR wichtig ist. Amen.«

20
März

»Sie empfangen auf Schritt und Tritt neue Kraft.«
Psalm 84,8; NGÜ

Tipp des Tages

Bleib heute nicht stehen – glaub mir – die Kraft kommt beim Gehen!

Du musst dich nicht stark fühlen, bevor du loslegen kannst. Du kannst loslegen und darauf vertrauen, dass Gott dir die Kraft **beim Gehen** schenken wird!

Mein Tag

Ziel des Tages

Loslegen – und dann die Kraft Gottes erleben!

Mein Gebet

»Ich habe so viele Ideen und Träume und ja, ich will heute die beste Version meiner selbst sein. Doch irgendwie ›fühle‹ ich mich nicht so. Dennoch möchte ich aufstehen und alles geben. Und ich vertraue darauf, dass die Kraft kommen wird, WÄHREND ich gehe! Amen.«

Tipp des Tages

Zweifle nicht an deinem Glauben, sondern glaube über deine Zweifel hinaus!

»Was du geglaubt hast, ist Wirklichkeit geworden!«
Matthäus 8,13

21
März

Wow! Stell dir vor, das würde Jesus zu dir direkt sagen! Würdest du dann nicht denken: »Oh Mann, hätte ich bloß gleich geglaubt und nicht gezweifelt, dann hätte ich **noch größer** geträumt!« Diese Chance bekommst du heute!

Mein Tag

Frage an mich

Was glaube ich für mein Leben?

Mein Gebet

»Jesus, ich will glauben!
Noch größer glauben!
Noch größer träumen!
Meine Zweifel lasse ich heute los! Amen.«

22

März

»Herr, zeige mir, welchen Weg ich einschlagen soll, und lass mich erkennen, was du von mir willst! Schritt für Schritt lass mich erfahren, dass du zuverlässig bist. Du bist der Gott, der mir hilft, du warst immer meine einzige Hoffnung.«
Psalm 25,4–5

Tipp des Tages

Entscheide dich, IHN zu suchen, bevor du dich für IRGENDWAS entscheidest

Welche Entscheidung steht heute an? Egal, was es ist, ob es darum geht, diese neue Hose zu kaufen oder nicht – oder um eine größere Sache, die zukunftsweisend ist: Jesus interessiert es! Und **er will dir helfen, die richtige Entscheidung zu treffen!**

Mein Tag

Frage an mich

Beziehe ich Jesus in all meine Entscheidungen mit ein? Oder nur, wenn sie in meinen Augen wichtig sind?

Mein Gebet

»Jesus, heute muss ich mich wieder entscheiden. Und ich weiß noch nicht, was richtig ist. Bitte hilf mir, die richtige Entscheidung zu treffen. Amen.«

Tipp des Tages

Plane dein Morgen nicht aufgrund dessen, was gestern war.

»Was vorher war, ist vergangen, etwas Neues hat begonnen.«
2. Korinther 5,17

23 März

Es kommt nicht darauf an, wie gut oder wie schlecht die Dinge gestern gelaufen sind. Deine Vergangenheit bekommt niemals die Macht, deine Zukunft zu bestimmen, wenn du sie ihr nicht gibst!

Mein Tag

Frage an mich

Welche »Fessel« der Vergangenheit trage ich noch in meinem Leben?

Mein Gebet

»Jesus, ich will nach vorne schauen!
Danke, dass du sagst, dass du etwas Neues beginnen lässt!
Ich will es glauben ... und sehen!
Amen.«

24 März

»Es ist mein Gebet, dass Christus aufgrund des Glaubens in euren Herzen wohnt.«
Epheser 4,17; NGÜ

Tipp des Tages

Wenn Gott bei dir zu Hause ist, wird aus Dunkelheit hellstes Licht.

Das Schöne an Jesus ist – du kannst noch so oft umziehen, wenn du ihn einmal **in dein Herz eingeladen** hast, dann zieht er immer mit dir mit!

Mein Tag

Frage an mich

Habe ich Jesus überhaupt schon bewusst bei mir einziehen lassen? Lebe ich in dem Bewusstsein, dass ich sein heiliger Tempel bin?

Mein Gebet

»Jesus, ich lade dich heute ganz bewusst ein, in mein Herz einzuziehen. Bitte bring du Licht in meine Dunkelheit. Amen.«

Tipp des Tages

Selbst der größte Umweg kann zum größten Sprungbrett deines Lebens werden.

»Nicht ihr habt mich hierhergeschickt, sondern Gott!«
1. Mose 45,8

25
März

Erinnerst du dich daran, wie Josef von seinen Brüdern verkauft wurde und er schlussendlich als Sklave beim Pharao landete? Doch Sklave blieb er nicht lange – denn schon bald öffnete Gott ihm auf eine WUNDERvolle Weise eine neue Tür – und dadurch wurde er zum Retter eines ganzen Landes (siehe 1. Mose 41)! Unterschätze niemals, **wie ein Umweg plötzlich zu einem Sprungbrett in deinem Leben werden kann!**

Mein Tag

Frage an mich

Bin ich bereit, diesen scheinbaren Umweg anzunehmen, bis ich Gottes Plan darin erkenne?

Mein Gebet

»Im Moment habe ich wirklich das Gefühl, eher auf einem Umweg unterwegs zu sein anstatt auf dem richtigen Weg. Doch ich bitte dich, Jesus, daraus ein Sprungbrett zu machen, das ich nutzen und anderen zu einem großen Segen werden kann. Amen.«

26
März

»Kann denn ein Blinder einen Blinden führen? Werden nicht beide in die Grube fallen?«
Lukas 6,39

Tipp des Tages

Bring alle Fakten ans Licht, sonst erkennst du die Wahrheit nicht.

Erzählst du immer die ganze Geschichte oder nur einen Teil, wenn du Rat bei deinen Freunden suchst? Sie werden dir keinen weisen Ratschlag geben können, wenn sie nicht die ganze Wahrheit kennen. Tu dir selbst was Gutes und **bleib immer bei der GANZEN WAHRHEIT. Lass Gottes Licht auf deine »blinden Flecken« scheinen!**

Frage an mich

Lege ich mir die Fakten eventuell so zurecht, dass die Antwort meiner Ratgeber in meinem Sinne ausfallen muss? Oder bin ich ehrlich genug, alles an- und auszusprechen?

Mein Tag

Mein Gebet

»Jesus, hilf mir bitte, immer ehrlich zu sein. Amen.«

Tipp des Tages

Wenn du aus der Fülle dieser Gewissheit lebst, wird es die Weisheit sein, nach der auch du dich sehnst!

»Wer sich um Weisheit bemüht, tut sich selbst einen Gefallen.«
Sprüche 19,8

27
März

»Aus welcher Gewissheit soll ich leben?«, wirst du dich fragen. Hier ist die Gewissheit gemeint, dass Gott treu ist! Und dass er der Einzige ist, der die richtigen Antworten für dich bereithält. Wenn du dir darüber gewiss bist, wirst du nicht mehr an anderen Orten nach Antworten suchen, sondern Gott direkt um **Weisheit für deine täglichen Entscheidungen** bitten.

Mein Tag

Frage an mich

Für welche Entscheidungen in meinem Leben brauche ich aktuell Weisheit?

Mein Gebet

»Herr, ich bin gewiss, dass du alles bist und alles für mich tun kannst. Und heute bitte ich dich um Weisheit, damit ich die richtigen Entscheidungen treffen kann. Amen.«

28
März

*»Aber Gott
hilft den Mutlosen.«
2. Korinther 7,6*

Tipp des Tages

Gib niemals auf.
Nur das Aufgeben,
das kannst du
aufgeben.

Nicht immer funktioniert alles beim ersten Mal. Das hat jeder schon erlebt. Doch du darfst dich selbst ermutigen dranzubleiben. Die Freude, wenn es dann doch irgendwann funktioniert, wird umso größer sein, wenn du weißt, **dass du alles dafür gegeben hast!**

Mein Tag

Frage an mich

Wo habe ich vielleicht schon zu schnell aufgegeben?

Mein Gebet

»Jesus, hilf mir, nicht gleich aufzugeben,
wenn etwas nicht so läuft, wie ich es mir vorgestellt habe.
Schenk mir bitte die Ausdauer,
die es dafür braucht. Amen.«

Tipp des Tages

Es ist an der Zeit
für mehr Zeit mit ihm.

*»Gottes Wort
ist dir ganz nahe;
es ist in deinem Mund
und in deinem Herzen.«
Römer 10,8*

29
März

Hast du auch immer wieder Selbstzweifel, obwohl du eigentlich weißt, dass du in Gottes Augen gewollt und geliebt bist? Wieso sind sie dann immer noch da? Weil du **TÄGLICH eine Erinnerung** an diese Wahrheiten brauchst. Und dazu solltest du **TÄGLICH Zeit mit Gott verbringen**, der dich liebend gern an seine Liebe erinnert.

Mein Tag

Ziel des Tages

Ich möchte mir heute mehrfach Zeit mit IHM nehmen.

Mein Gebet

»Jesus, ich will mehr Zeit mit dir verbringen.
Bitte hilf mir,
besser mit meiner Zeit umzugehen.
Amen.«

30 März

»Ich aber vertraue darauf, dass ich am Leben bleibe und sehen werde, wie gut Gott zu mir ist.«
Psalm 27,13

Tipp des Tages

Während du noch weinst, hält er schon etwas Besseres für dich bereit!

Manchmal nimmt Gott etwas aus unserem Leben, das uns so wichtig erscheint, dass wir im ersten Moment glauben, unsere Welt bricht zusammen. **Wenn du aber wirklich glauben kannst**, dass Gott es immer **gut meint**, dann darfst du schon während der Phase deines Schmerzes darauf vertrauen, dass etwas Besseres auf dich wartet!

Mein Tag

Frage an mich

Bin ich bereit, Gott zu vertrauen, auch wenn es gerade wehtut?

Mein Gebet

»Jesus, es tut sehr weh. Hilf mir, darauf zu vertrauen, dass du es wirklich gut mit mir meinst. Amen.«

Tipp des Tages

Es ist nur das Mögliche, das du tun sollst, um das Unmögliche zu erleben.

*»Herr, allmächtiger Gott,
durch deine starke Hand
und deine Macht
hast du den Himmel und
die Erde geschaffen.
Nichts ist dir unmöglich!«
Jeremia 32,17*

31 März

Was ist denn »das Mögliche«? Das Mögliche ist, dass du Gott in deinem Leben aktiv werden lässt, **indem du GLAUBST.** Dadurch bekommt er Raum, das Unmögliche für dich zu tun! Klingt zu einfach? Probiere es heute einfach einmal aus!

Mein Tag

Frage an mich

Glaube ich, dass Gott das Unmögliche möglich machen kann?

Mein Gebet

»Jesus, dir ist wirklich alles möglich.
Nicht nur damals zu biblischen Zeiten,
sondern auch heute,
in meinem Leben. Amen.«

Notizen

Tipp des Tages

Gott wird dir nicht die Entscheidung abnehmen, doch er wird dir helfen, die Wahrheit zu erkennen und zwischen Recht und Unrecht zu unterscheiden!

»Gib mir ein Herz, das auf dich hört, damit ich gerechte Urteile fällen und zwischen Recht und Unrecht unterscheiden kann.«
1. Könige 3,9

01
April

Eigentlich musst du keine Angst davor haben, große Entscheidungen zu treffen. Wenn du Gott um Weisheit bittest und dann auf das hörst, was er dir ins Herz flüstert, dann wirst du schnell **erkennen, was richtig und was falsch ist**. Und wenn es nur dieses Bauchgefühl ist … Gott wird Wege finden, es dir deutlich zu zeigen!

Mein Tag

Frage an mich

Was sagt denn mein »Bauchgefühl« aktuell?

Mein Gebet

»Jesus,
gib auch mir bitte ein Herz,
das auf dich hört!
Amen.«

02
April

»Heute, wenn ihr meine Stimme hört, dann verschließt eure Herzen nicht.«
Hebräer 3,15

Tipp des Tages

Du kannst Gott nur hören, wenn du hinhörst!

Und was, wenn Gott öfter mit uns redet, als wir es merken? Was, wenn unser Klagen »Mit mir spricht er ja eh nicht!« lauter ist als **die leise Stimme, mit der er tatsächlich zu dir spricht**? Ja, um Gott zu hören, müssen wir auch bewusst hinhören. Immer wieder neu.

Mein Tag

Ziel des Tages

Jedes Mal wenn ich mich dabei ertappe zu sagen: »Ich höre Gott nicht«, möchte ich innehalten und Gott bitten: »Sprich zu mir. Ich brauche dich.«

Mein Gebet

»Jesus, hilf mir bitte,
leiser zu werden, um dich lauter zu hören.
Ich brauche dich.
Amen.«

Tipp des Tages

Manchmal musst du lernen, etwas zu ver-lernen.

»Auch wer kein Geld hat, kann kommen!«
Jesaja 55,1

03
April

Mein Tag

Wie oft hörst du dich sagen: »Ja, aber dazu fehlt mir das Geld. Das wird nicht möglich sein.« Und Gott denkt sich: »Hä, aber mit mir ist dir doch alles möglich? Ich habe, was du brauchst.« Deswegen lohnt es sich, dein Reden zu ändern und Gott zu vertrauen!

Ziel des Tages

Ich möchte mein Reden ändern!

Mein Gebet

»Jesus,
DANKE, dass du alles hast,
was ich je brauchen werde! Amen.«

04
April

»Von diesem Kerl müssen wir uns doch nicht einschüchtern lassen! Ich will den Kampf mit ihm aufnehmen!«
1. Samuel 17,32

Tipp des Tages

Sei lösungsorientiert und nicht jemand, der sofort den Mut verliert.

David hätte allen Grund gehabt, vor seinem Riesen – Goliath – davonzulaufen. Es sah wirklich nicht gut für ihn aus. Doch er ließ sich nicht einschüchtern – und wurde mit dem Sieg dafür belohnt!

Mein Tag

Ziel des Tages

Ich werde nicht davonrennen, sondern mich an Gottes Stärke hängen!

Mein Gebet

»Jesus, auch ich will nicht davonrennen, selbst wenn mir dieser Tag wie ein Riese vorkommt, den es zu bewältigen gilt. Danke, dass du mir mein Wunder heute schenken willst. Amen.«

Tipp des Tages

Sei okay damit, nicht alles zu wissen – denn du kannst im Leben dennoch gewinnen!

»Der Herr half Josef, sodass ihm alles glückte, was er unternahm [...], deshalb bevorzugte er ihn vor allen anderen.«
1. Mose 39,2–4

05 April

Hast du dir einmal überlegt, was in Josefs Lebenslauf gestanden haben muss? Nicht viel mehr als: »Hirte«. Er hatte also keine Ahnung von dem Business im Hause des Pharaos. **Dennoch brachte ihn Gottes Gunst weiter** als jeden, der einen besseren Lebenslauf vorzuweisen hatte. Zweifle also niemals an dir, wenn Gott dir eine Tür öffnet, für die du dich nicht vorbereitet fühlst!

Mein Tag

Frage an mich

Werde ich unsicher, wenn andere um mich herum »schlauer« wirken? Könnte ich das mit diesem Wissen in Zukunft ändern?

Mein Gebet

»Jesus, das Leben mit dir ist so aufregend! Du siehst so viel mehr in mir, als ich es tue! Ich staune ... und danke dir dafür! Amen.«

06
April

*»Ja, die Weisheit schenkt
Glück und Sicherheit,
sie allein gibt ein erfülltes
Leben, und wer an ihr
festhält, ist glücklich.«
Sprüche 3,17–19*

Tipp des Tages

Willst du glücklich werden, dann tu das, was dich glücklich macht.

Jeder will **glücklich sein**! Und viele hoffen, durch materielle Dinge glücklich zu werden. Dabei ist das Glück ganz woanders zu finden. Die Bibel sagt, dass die Weisheit uns Glück schenkt. Und Gott bietet uns an, diese von ihm zu bekommen (siehe Jakobus 1,5).

Mein Tag

Ziel des Tages

Ich möchte Gott um Weisheit bitten, um glücklich zu werden!

Mein Gebet

»Jesus, vieles erscheint mir so kompliziert. Auch die Suche nach dem Glück. Heute verstehe ich, dass ich dazu Weisheit brauche, deswegen bitte ich dich um sie. Danke, dass du sie gerne gibst. Amen.«

Tipp des Tages

Lieber von vorne beginnen, als gar nicht mehr anfangen.

»In das Herz des Menschen hat er den Wunsch gelegt, nach dem zu fragen, was ewig ist.«
Prediger 3,9

07 April

Meinst du, Zachäus war grundsätzlich ein »böser Mensch«? Ja, er war ein Betrüger, aber im Kern war er ein Mann, der auf der Suche war. **Auf der Suche nach dem, was ewig ist. Auf der Suche nach Jesus.** Und er hatte eine Stärke: Als Zolleinnehmer kannte er kein Aufgeben! Er gab auch seine Suche nach Jesus nicht auf, weil auch in ihm, wie in so vielen Menschen, denen du heute begegnen wirst, der Wunsch verborgen liegt, mehr von Jesus und dem, was ewig ist, zu erfahren. Und Zachäus fand Jesus beziehungsweise **Jesus fand IHN** (siehe Lukas 19,1–10)!

Mein Tag

Ziel des Tages

Suche ich noch oder habe ich mich schon von Jesus finden lassen?

Mein Gebet

»Jesus, auch ich suche dich schon so lange und habe tatsächlich lange geglaubt, dich ›woanders‹ finden zu können. Dabei bist du hier und siehst mich. Jetzt. In diesem Moment. Danke, dass du mich immer findest. Ich brauche dich. Amen.«

08
April

»Wer nämlich zu Gott kommen will, muss darauf vertrauen, dass es ihn gibt und dass er alle belohnen wird, die ihn suchen.«
Hebräer 11,1

Tipp des Tages

Wenn du wirklich glaubst, wirst du glauben, dass dein Glaube dir ewiges Leben garantiert!

Wie würdest du antworten, wenn man dir die Frage stellen würde: »Glaubst du an Gott?« Mit einem »Glaub schon« oder einem festen »Ja, ich glaube!« Es ist so wichtig, diese Antwort für dich selbst zu »klären«, denn **es geht nicht nur um dein Heute**, sondern um deine Ewigkeit.

Mein Tag

Frage an mich

Ganz ehrlich, ist der Glaube die Basis meines Lebens oder nur eine »Teilzeitbeschäftigung«?

Mein Gebet

»Jesus, hilf mir zu glauben,
wie du es dir wünschst!
Voller Vertrauen, mit der Gewissheit
einer Ewigkeit mit dir. Amen.«

Tipp des Tages

Diese Freiheit will er dir heute geben – lass sie dir nicht von deinen Zweifeln nehmen!

»Dabei war es unsere Krankheit, die er auf sich nahm; er erlitt die Schmerzen, die wir hätten ertragen müssen.«
Jesaja 53,4

09
April

Wenn jemand, den du so richtig liebst, krank wird, dann denkst du sicher: »Oh Mann, wenn ich ihm/ihr das bloß abnehmen könnte.« Genauso dachte sich Jesus, der dich unendlich liebt: »Oh Mann, ich will ihm/ihr diese Krankheiten, diese Schmerzen und diese Sünde abnehmen«, als er für dich ans Kreuz ging.

Mein Tag

Frage an mich

Habe ich Jesus das, was auf mir lastet, abgegeben oder trage ich das alles noch selbst mit mir herum?

Mein Gebet

»Jesus, ich werde nie ganz begreifen können, was du alles für mich auf dich genommen hast. Wie kannst du mich nur so sehr lieben? Hilf mir, diese Liebe vollumfänglich anzunehmen, um mein stärkstes Leben zu leben! Amen.«

10 April

»Aber alle, die ihre Hoffnung auf den Herrn setzen, bekommen neue Kraft. Sie sind wie Adler, denen mächtige Schwingen wachsen. Sie gehen und werden nicht müde, sie laufen und sind nicht erschöpft.«
Jesaja 40,31

Tipp des Tages

Wenn du weitermachst, kommst du immer voran, auch wenn du es nicht sofort sehen kannst!

Manchmal beginnt das **Weitermachen** auch nur im Kopf. Auch wenn deine Motivation im Keller ist und du müde bist, hast du immer noch die Möglichkeit, gedanklich weiterzumachen, indem du dir sagst: »Ich bleibe hier nicht stehen – es wird spätestens morgen wieder weitergehen!«

Mein Tag

Me Time

In der Ruhe liegt die Kraft – und dort erinnere ich mich daran: »ER IST STARK!«

Mein Gebet

»Jesus, heute ist nicht so ganz mein Tag. Aber es muss ja auch nicht ›mein‹ Tag sein, wenn ich weiß, dass es ›dein‹ Tag ist und du mir alles geben kannst, was ich heute brauche. Danke, dass du das tun willst und wirst. Amen.«

Tipp des Tages

Lieben ist wertvoller, als recht zu haben!

»Vater vergib ihnen, denn sie wissen nicht, was sie tun!«
Lukas 23,34

11 April

Das sind die unglaublichsten Worte von Jesus! Er hätte jeden Grund gehabt zu sagen: »Ihr seid alle im Unrecht! Ihr werdet schon sehen!« Doch er wusste, dass die Menschen, die ihn verurteilten, nicht verstehen konnten, was sie da taten. **Und er liebte weiter.** Durch ihr Unrecht hindurch. Selbst in den Tod. Diese unfassbare Liebe konnte er ihnen zeigen, weil er mit der Liebe selbst – mit seinem Vater im Himmel – verbunden war. Auch du kannst jederzeit mit ihm verbunden sein und vergeben, selbst wenn es dir noch schwerfallen mag. **Vertraue auf** seine **Liebe**.

Mein Tag

Frage an mich

Wem sollte ich heute dringend vergeben?

Mein Gebet

»Jesus, was für eine Liebe! Hilf mir bitte, Menschen zu lieben, die mir Unrecht getan haben. Damit ich nicht verletzt stehen bleibe, sondern wieder leben werde! Amen.«

12 April

»Er selbst, der Herr, euer Gott, wird vor euch hergehen.«
5. Mose 31,3

Tipp des Tages

Glaube nicht nur nebenher, wenn du erleben möchtest, wie Jesus *vor dir hergeht.*

Weißt du, was »nebenher« laut Wörterbuch bedeutet? »Etwas wird zur gleichen Zeit mit etwas getan, das wichtiger ist.« Wenn du also nur »nebenher« glaubst, also deinen Glauben auf die gleiche Ebene wie die anstehenden Aufgaben des Tages setzt, dann wirst du auch nur nebenher mitbekommen, was durch den Glauben alles möglich wäre! Und das wäre ziemlich schade! Darum **gib deinem Glaubensleben**, deiner Zeit und Beziehung mit Jesus **einen Ehrenplatz in deinem Alltag**! Damit du erleben kannst, wie Jesus nicht nur »nebenher«, sondern – vor dir her – durch den Tag geht!

Mein Tag

Frage an mich

In welchem Bereich meines Lebens läuft mein Glaube nur »nebenher« mit, anstatt an erster Stelle zu stehen?

Mein Gebet

»Jesus, ja – unbedingt! Bitte geh du heute vor mir her! Ich will nicht nur nebenher eine Beziehung zu dir aufbauen, sondern ich möchte dir den ersten Platz in meinem Leben geben. Amen.«

Tipp des Tages

Und wenn du fällst –
dann fall auf die Knie.

»Denn Gott hat die Menschen so sehr geliebt, dass er seinen einzigen Sohn für sie hergab. Jeder, der an ihn glaubt, wird nicht zugrunde gehen, sondern das ewige Leben haben.«
Johannes 3,16

13
April

Es gibt keine Begrenzung für die Liebe, die Jesus für dich hat. Er ist nicht einfach kurz auf die Erde gekommen und hat gesagt: »Wer jetzt glaubt, den werde ich ewig lieben.« Er ging viel weiter, um dir auch heute viele, viele Jahre später zu zeigen, dass du genauso geliebt wirst: **Er starb für dich!**

Mein Tag

Ziel des Tages

Ich möchte mir mindestens einmal die Stunde selbst sagen: »Jesus liebt MICH.«

Mein Gebet

»Jesus, ich brauche deine Liebe.
Und heute möchte ich sie bewusst in mein Leben lassen,
indem ich dir mein Herz öffne.
Amen.«

14
April

*»Ich bin die Auferstehung
und ich bin das Leben.
Wer mir vertraut,
der wird leben, selbst wenn
er stirbt. Und wer lebt und
mir vertraut,
wird niemals sterben.
Glaubst du das?«
Johannes 11,25–26*

Tipp des Tages

Jesus starb für dich – jetzt lebe für ihn!

Diese Frage stellte Jesus Marta. Und sie glaubte! Ja, sie lebte für ihn, weil Jesus für sie starb. »Wer mir vertraut, wird leben.« Das ist der Schlüssel!

Mein Tag

Frage an mich

Glaube ich das wirklich?

Mein Gebet

»Jesus, ich glaube,
dass du die Auferstehung und das Leben – mein Leben – bist.
Ich will glauben. Und ja, ich will leben!
Für dich! Amen.«

Tipp des Tages

Du KANNST wissen, dass du sicher bist, BEVOR dich der Sturm erwischt!

»Bei dir bin ich in Sicherheit;
du lässt nicht zu,
dass ich vor Angst und Not umkomme.
Ich singe und juble:
Du hast mich befreit!«
Psalm 32,7; NGÜ

15 April

Mein Tag

Lebst du in Angst oder lebst du mit Gott? Das ist eine wichtige Frage. Denn **Gott möchte** und kann **deine Sicherheit sein**! Zu jeder Zeit! Vor dem Sturm, während des Sturmes und auch nach dem Sturm. Entscheidest du dich heute für ihn?

Ziel des Tages

Ich möchte meine Ängste loslassen und die Sicherheit, die ich in Jesus habe, fassen!

Mein Gebet

»Jesus, ich entscheide mich für dich! Heute, jetzt und hier! Ich vertraue darauf, dass du mich immer beschützen wirst. Amen.«

16 April

»[...] denn ich habe gelernt, in jeder Lebenslage zufrieden zu sein!«
Philipper 4,11

Tipp des Tages

Zufriedenheit ist eine Entscheidung. Ob in Armut oder Reichtum.

Weißt du, was wirklich reich macht? **ZUFRIEDENHEIT**. Denn du kannst noch so viel haben und hast immer noch nicht genug. Genauso kannst du wenig haben, doch **wenn du siehst,** was du hast, wirst du dennoch zufrieden sein können. Paulus hat das gelernt. Dann kannst du das auch.

Mein Tag

Ziel des Tages

Ich möchte wirklich erkennen, wie viel ich habe, und dankbar dafür sein.

Mein Gebet

»Jesus, danke für alles, was ich haben darf.
Hilf mir zu sehen, was ich habe, und zu lernen, zufrieden zu sein.
Amen.«

Tipp des Tages

Jesus lebt, und er will, dass du lebst!

»Und weil ich lebe, werdet auch ihr leben.« Johannes 14,19

17 April

Hast du dir schon einmal überlegt, dass es von Anfang an so gewollt war, dass du wirklich lebst? **Und zwar so richtig zu 100 Prozent**? Nicht nur ein bisschen – sondern so ganz und gar? Jesus ist nicht nur für deine Sünden am Kreuz gestorben, sondern auch dafür, dass du wirklich lebendig wirst, dass du richtig lebst!

Mein Tag

Frage an mich

Lebe ich wirklich zu 100 Prozent? Oder lebe ich nur vor mich hin?

Mein Gebet

»Jesus, hilf mir bitte, wirklich zu begreifen,
was LEBEN bedeutet!
Zeige mir bitte, wie das geht.
Amen.«

18

April

»An dir will ich meine Herrlichkeit zeigen.«
Jesaja 49,3

Tipp des Tages

Wunder geschehen, nachdem wir Schmerz erleben! Wenn wir in diesen Momenten dennoch auf Gott sehen, werden wir zurückblicken – und verstehen!

Du kannst auf deine Schmerzen schauen oder auf den, der einen Plan **trotz oder sogar mit und durch deine Schmerzen** hat! Wenn du das tust, wirst du einen Frieden erleben, der größer ist als dein Verstehen und alles, was dir dein Schmerz einreden möchte.

Mein Tag

Ziel des Tages

»Heute lege ich

____

in Gottes Hände.«

Mein Gebet

»Jesus, es tut wirklich weh. Und ich sehe noch keine Hoffnung. Doch ich möchte heute bewusst auf dich und nicht auf den Schmerz schauen und glauben, dass du mir diese Hoffnung und mein Wunder schenken wirst! Amen.«

Tipp des Tages

Leben beginnt durch Glauben und Vertrauen!

»Nur der wird Gottes Anerkennung finden und leben, der ihm vertraut.«
Habakuk 2,4

19 April

Mein Tag

Vertrauen. Ein wunderschönes Wort. Dem Nachbarn den Haustürschlüssel zu geben, wenn du verreist, damit er sich um deine Blumen kümmert, das ist auch Vertrauen. Wenn dein Herz einen Schlüssel hätte, wem würdest du ihn anvertrauen? Jesus wünscht sich, dass du genau das tust – und ihm diesen Schlüssel gibst. Vertraust du ihm?

Frage an mich

Habe ich mir je überlegt, ob ich Jesus wirklich vertraue?

Mein Gebet

»Jesus, bitte schenke du mir ein unerschütterliches Vertrauen.
Ja, ich will zu 100 Prozent vertrauen,
um wirklich leben zu können! Amen.«

20

April

»Laut werde ich es sagen: Auf deine Zusagen ist Verlass! Jeden Tag will ich erzählen, wie du aus der Not befreist; du tust viel mehr, als ich aufzählen kann!«
Psalm 71,15

Tipp des Tages

Hab immer ein Ziel vor Augen und höre niemals auf, daran zu glauben!

Während du auf dem Weg zu deinem Ziel bist, hat Gott dir ein wundervolles Werkzeug in die Hand gedrückt, das dir hilft voranzukommen: Ihn zu loben, für das, was er in der Vergangenheit schon getan hat! Denn genau das weckt das **Vertrauen für die Zukunft**! Probiere es aus!

Mein Tag

Frage an mich

Was hat Gott in der Vergangenheit schon alles für mich getan?

Mein Gebet

»Jesus, du bist WUNDERvoll!
Danke für alles, was du schon für mich getan hast!
Ich preise dich dafür! Amen.«

Tipp des Tages

Wer seine REAKTION im Griff hat, dessen AKTION wird Sinn machen!

»Lasst euer Leben von Gottes Geist bestimmen. Wenn er euch führt, werdet ihr allen selbstsüchtigen Wünschen widerstehen können.«
Galater 5,16

21 April

Mein Tag

Wie klingt der heutige Vers in deinen Ohren? Streng? Ja, so empfinden wir Menschen das Wort Gottes oft erst einmal. Dabei sind es **gutgemeinte Tipps,** die unser Leben dahingehend verändern sollen, dass wir **feststehen** und uns dadurch immer **für das Gute entscheiden** können. Denn was ist schwieriger, als mit den eigenen Emotionen klarzukommen?

Ziel des Tages

Ich überprüfe meine Reaktionen heute ganz bewusst.

Mein Gebet

»Heiliger Geist, bitte zieh wieder neu in meinem Leben ein und werde aktiv. Bestimme DU meine Gedanken, Reaktionen und Aktionen. Ich brauche dich. Amen.«

22
April

»Seht doch, wie groß die Liebe ist, die der Vater uns schenkt! Denn wir dürfen uns nicht nur seine Kinder nennen, sondern wir sind es wirklich.«
1. Johannes 3,1

Tipp des Tages

Steh auf und entdecke die Welt, während dein Vater sich schützend hinter dich stellt!

Babys sind so schwach und verletzlich. Dennoch versteckt man sie nicht im Haus, bis sie groß sind. Nein. Wenn sie laufen können, tollen sie draußen herum – bei Wind und Wetter. Und liebende Eltern bleiben dann nicht gemütlich auf der Couch sitzen, sondern begleiten sie, springen mit ihnen durch die Pfützen und rennen mit ihnen durch Feld, Wald und Wiese. Genauso **kannst du dich darauf verlassen, dass Gott sich um dich kümmert**, während du mutig durch dein Leben gehst und die Welt entdeckst!

Mein Tag

Frage an mich

Wovor kann Gott mich beschützen?

Mein Gebet

»Jesus, ich danke dir für deinen Schutz, dessen ich mir bewusst sein möchte! Deswegen will ich hinaus und einen Unterschied bewirken – unter deinem Schutz! Amen.«

Tipp des Tages

Es ist nur ein Teil deines Lebens, lass es nicht zu deinem Leben werden!

»Aber weil du es sagst, will ich es wagen!«
Lukas 5,4

23
April

Erinnerst du dich an die Fischer, die die ganze Nacht auf dem See waren und nichts gefangen hatten? Doch als Jesus sie ermutigte, es noch einmal zu versuchen, da machten sie den Fang ihres Lebens (siehe Lukas 5,1–11)! Auch dich ermutigt Jesus, es noch einmal zu versuchen! **Denn das, was gestern schiefgelaufen ist, kann heute zu deinem größten Segen werden!**

Mein Tag

Ziel des Tages

Nicht aufgeben!

Mein Gebet

»Jesus, weil du es sagst,
gebe ich hier nicht auf,
sondern versuche es noch einmal.
Amen.«

24
April

»Vertraue Gott deine Pläne an, er wird dir Gelingen schenken.«
Sprüche 16,3

Tipp des Tages

Wenn du nicht weißt, wie man anfängt, dann fang mit dem an, was du weißt.

»Wie soll ich denn anfangen, ich habe doch keine Ahnung!« Vielleicht sind das deine Gedanken. Und wahrscheinlich denkst du zu kompliziert. Denn **der beste und erfolgreichste Anfang ist, deine Pläne Gott anzuvertrauen,** dann wird er dir die richtigen Türen öffnen!

Mein Tag

Ziel des Tages

Ich möchte Worte für meinen Traum finden und diese aufs Papier bringen.

Mein Gebet

»Jesus, du weißt, dass ich schon lange von ________________________________ träume. Ich wusste nie, wie ich damit anfangen soll. Doch heute bitte ich dich um deine Unterstützung. Schenk du mir bitte Gelingen. Amen.«

Tipp des Tages

Je schneller du »damit« anfängst, desto schneller wirst du »damit« vorankommen.

»Was der Fleißige plant, bringt ihm Gewinn; wer aber allzu schnell etwas erreichen will, hat nur Verlust.«
Sprüche 21,5

25
April

Es muss ja nicht gleich der große Traum sein, es kann auch die eine Sache sein, die du schon lange vor dir herschiebst. Geh die Dinge mit einem Plan an. Schieb sie nicht planlos vor dir her, geh sie auch nicht planlos an: **Hab einen Plan** und vertraue diesen Plan Gott an (siehe gestern).

Mein Tag

Ziel des Tages

Ich fange an zu planen.

Mein Gebet

»Jesus, ich will fleißig sein. Fleißig mit Plan. Und diesen Plan möchte ich dir anvertrauen, um zu erleben, was du tun kannst, wenn ich die Dinge bewusst angehe und nicht länger vor mir herschiebe. Amen.«

26
April

»Vertrau dich dem Herrn an und sorge dich nicht um deine Zukunft! Überlass sie Gott, er wird es richtig machen.«
Psalm 37,5

Tipp des Tages

Deine Geschichte der Hoffnung kann nicht beginnen, solange du den Stift des Schmerzes länger festhältst.

»Aber es war schon immer so und es wird deshalb auch in Zukunft so sein.« Wenn deine Gedanken in diese Richtung gehen, dann ist das sehr gefährlich für deine Zukunft und du wirst dir selbst immer wieder im Weg stehen. **Also ändere deine Gedanken und ändere deine Worte,** und wenn du selbst keine anderen Worte findest, dann nutze die Psalmworte. Das heutige Gebet soll dir dabei helfen.

Mein Tag

Ziel des Tages

Ich möchte Psalmen lesen und zu meinen eigenen Worten machen, die ich beten kann, wenn mir selbst die Worte fehlen.

Mein Gebet

»Jesus, ich will mich dir anvertrauen
und mich nicht mehr um meine Zukunft sorgen!
Ja, ich will sie dir überlassen.
Du wirst es richtig machen. Amen.«

Tipp des Tages

Lass sein Wort niemals los – und du wirst staunen über die Wunder – denn sie werden groß!

»Erschreckt nicht, ihr Menschen, die ihr an den Herrn glaubt und auf die Worte seines Boten hört! Erschreckt nicht in dunklen Tagen! Verlasst euch auf den Herrn, auch wenn ihr nirgends einen Hoffnungsschimmer seht, denn er hält euch fest.«
Jesaja 50,10

27
April

Viele Menschen suchen nach etwas, das ihnen **Halt** gibt. Du hast es gefunden: Es ist **das Wort Gottes!** Die Frage ist, ob du es nur in den Händen hältst oder ob du ihm auch erlaubst, dein Leben zu verändern?

Mein Tag

Ziel des Tages

Ich möchte mir bewusst Zeit nehmen, um Gottes Wort in mein Herz sinken zu lassen.

Mein Gebet

»Jesus, lass dein Wort in mir lebendig werden,
sodass es mir von innen heraus
Licht und Hoffnung schenkt!
Amen.«

28
April

»Alle Tage meines Lebens hast du in dein Buch geschrieben – noch bevor einer von ihnen begann.«
Psalm 139,16

Tipp des Tages

Gott hat keine Probleme – er hat Pläne.

Du siehst gestern. Du siehst jetzt. Doch du kannst nicht wissen, was in einer Minute oder in einer Stunde, geschweige denn in einem Jahr sein wird. Gott schon. Und **ER IST FÜR DICH!** Deswegen darfst du dich jetzt, in einer Minute und auch in einem Jahr **vertrauensvoll freuen**!

Mein Tag

Ziel des Tages

Ich will mich freuen. Weil Gott da ist. Auch heute.

Mein Gebet

»Jesus, danke, dass ich dir so wichtig bin! Danke, dass du es immer gut mit mir meinst! Du bist großartig! Ich liebe dich! Amen.«

Tipp des Tages

Deine Augen müssen lesen, was deine Ohren hören müssen, damit dein Herz versteht.

»[…] und die Schafe folgen ihm, weil sie seine Stimme kennen.«
Johannes 10,4

29
April

Mein Tag

Erinnerst du dich an deine Schulzeit? Es hätte nichts gebracht, das Englischbuch in deinem Schulranzen zu haben, ohne es aufzuschlagen und die Vokabeln für den nächsten Test zu lernen. Genauso musst du die Bibel aufschlagen und darin lesen, um unterscheiden zu können, welche Stimme gerade zu dir spricht. Die **Stimme der Wahrheit** oder die Stimme der Lüge.

Ziel des Tages

Ich werde heute die Bibel aufschlagen und Gott dabei bitten, zu meinem Herzen zu sprechen.

Mein Gebet

»Jesus, schenk mir einen Hunger nach deinem Wort, der mich selbst überrascht. Ich will deine Stimme kennenlernen!
Ja, ich will mehr von dir! Amen.«

30 April

»[…] ich schreibe euch, damit ihr nicht länger sündigt.«
1. Johannes 2,1

Tipp des Tages

Wenn es dich Gott nicht näherbringt, bringt es dich Gott nicht näher.

Manchmal schleichen sich **kleine Sünden** in unserem Leben ein. Fast unbemerkbar. Aber sie schaffen dennoch eine bemerkbare **Distanz** zwischen Gott und uns. Und plötzlich fühlen wir uns so, als seien wir weit von Gott entfernt. Dieses Gefühl kann und soll schnell beseitigt werden, indem du bewusst hinschaust und dir die Frage stellst: »Was habe ich aktuell in mein Leben gelassen, das mich Gott nicht nähergebracht hat, sondern mir das Gefühl der Distanz zu ihm gibt?«

Mein Tag

Frage an mich

Kann ich benennen, was ich in mein Leben gelassen habe, das eine gefühlte Distanz zwischen Gott und mir aufgebaut hat?

Mein Gebet

»Jesus, bitte vergib mir, dass ich Dinge in mein Leben gelassen habe, die für mich nicht gut waren. Ich spüre jetzt, dass seitdem eine Distanz zwischen uns ist. Ich löse mich heute bewusst wieder von diesen Dingen, weil ich mich nach deiner Nähe sehne. Amen.«

Tipp des Tages

Gott hält immer Wunder bereit – selbst für diese Kleinigkeit.

»Du allein
bist der Gott,
der Wunder vollbringt!«
Psalm 77,15

01
Mai

Glaubst du, dass Jesus sich für Kleinigkeiten interessiert? Ganz sicher! Und das kannst du heute einfach mal ausprobieren. Es sind schließlich oft genau diese Kleinigkeiten, die uns die Freude nehmen wollen. **Unterbrich diesen Negativkreislauf** heute bewusst, indem du sofort für ein Wunder betest – auch wenn es nur diese Kleinigkeiten betrifft! Und ich sage dir: Das wird ein WUNDERvoller Tag!

Mein Tag

Ziel des Tages

Ich möchte heute ganz bewusst für »Kleinigkeiten« beten.

Mein Gebet

»Jesus, du bist so groß und ich fühle mich mit den Kleinigkeiten, die mich beschäftigen, dagegen einfach nicht so wichtig. Hilf mir bitte zu verstehen, dass dir keines meiner Probleme zu groß, aber auch keines zu klein ist. Amen.«

02

Mai

»Der Glaube ist der tragende Grund für das, was man hofft!«
Hebräer 11,1

Tipp des Tages

Egal, wie entmutigt du gerade bist – es ist wichtig, dass du den Mut nicht verlierst!

So viele Geschichten in der Bibel wären anders ausgegangen, wenn die Menschen mutlos geworden wären. Denke an Esther, David, Hiob oder Paulus! Doch was bedeutet »Mutlosigkeit« denn? Laut Duden: »Ein Leben ohne Zuversicht«! Wie du in Hebräer 11,1 nachlesen kannst, ist der Glaube der tragende Grund dafür, dass du **zuversichtlich, also MUTIG**, sein kannst! Wow!

Mein Tag

Ziel des Tages

Ich möchte meine Mutlosigkeit durch Zuversicht ersetzen!

Mein Gebet

»Jesus, danke,
dass ich durch dich voller Zuversicht und dadurch MUTIG leben darf! In dir habe ich wirklich alles!
Ich staune. Amen.«

Tipp des Tages

Auf Sicherheit zu bauen, bietet dir niemals so viel, wie auf Gott zu vertrauen.

»Gott gibt dem, der ihn liebt, alles Nötige. Wer jedoch von ihm nichts wissen will, dessen Hunger stillt er nicht.«
Sprüche 10,3

03
Mai

Hast du das Gefühl, »zu wenig« zu haben? Schaust du hin und wieder noch etwas eifersüchtig auf das Leben der anderen und denkst dir: »Wieso ich nicht?« Wie wäre es, diesen Gedanken einmal andersherum anzuschauen: »Wie gut geht es mir eigentlich? Wie beschenkt bin ich eigentlich?« Denn was hinter den Kulissen »der anderen« stattfindet, ist vielleicht gar nicht so schön wie das, **was Gott dir schon lange gegeben hat**.

Mein Tag

Ziel des Tages

Ich möchte erkennen, wie beschenkt ich bin!

Mein Gebet

»Jesus, vergib mir, dass ich immer nur sehe, was ich nicht habe. Dabei hast du mich doch schon jetzt so reich beschenkt, und weil ich dich kenne, weiß ich, du gibst mir immer noch mehr! Amen.«

04
Mai

»Gott aber kann viel mehr tun, als wir jemals von ihm erbitten oder uns auch nur vorstellen können.«
Epheser 3,20

Tipp des Tages

Wunder entstehen beim Weitergehen.

Weißt du was? Gott hat dich nicht so weit geführt, um dich jetzt hängen zu lassen! Gib jetzt nicht auf! Du kannst und sollst weitergehen und du wirst **Gott in Aktion** sehen!

Mein Tag

Ziel des Tages

Nicht aufgeben!
Weitergehen!

Mein Gebet

»Jesus, ich danke dir, dass du mich schon so weit gebracht hast.
Und ja, ich weiß, dass dir alles möglich ist.
Danke, dass du mir helfen wirst. Ich liebe dich. Amen.«

Tipp des Tages

Und was, wenn dir heute das möglich wäre, was dir vorher unmöglich war?

»Schon als ich im Verborgenen Gestalt annahm, unsichtbar noch, kunstvoll gebildet im Leib meiner Mutter, da war ich dir dennoch nicht verborgen. Als ich gerade erst entstand, hast du mich schon gesehen.«
Psalm 139,15–16

05
Mai

Gott hatte schon vor deiner Geburt einen Plan für dein Leben, deswegen hat er sich damals schon um dich gekümmert. Meinst du nicht, er wird es jetzt nicht erst recht tun? Wieso? **Weil er immer vollendet, was er beginnt!**

Mein Tag

Frage an mich

Habe ich eventuell noch unentdecktes Potenzial in mir? Etwas, das Gott in mich hineingelegt hat, das ich bisher vor lauter Selbstzweifel aber noch ignoriert habe?

Mein Gebet

»Jesus, du siehst so viel Potenzial in mir.
Hilf mir, dieses Potenzial
ebenso zu sehen und aktiv zu werden.
Amen.«

06

Mai

»Ich bin das Licht für die Welt. Wer mir nachfolgt, irrt nicht mehr in der Dunkelheit umher, sondern folgt dem Licht, das ihn zum Leben führt.«
Johannes 8,12

Tipp des Tages

Kein Schatten ist dunkler, als sein Licht ist!

Was ist deine aktuelle »Dunkelheit«? Ist es die Sorge über deine Zukunft? Sind es finanzielle Nöte? Oder ist es ein gebrochenes Herz? Glaub mir, es spielt gar keine Rolle, was es ist – wenn du damit zu dem rennst, **der das Licht ist** und deine Dunkelheit erhellen kann!

Mein Tag

Ziel des Tages

Ich werde mit Jesus Licht ins Dunkel bringen.

Mein Gebet

»Jesus, danke, dass du mein Licht sein möchtest! Ich bitte dich, erleuchte meine aktuelle Dunkelheit! Amen.«

Tipp des Tages

Beten ist die Verwandlung deiner Dunkelheit in sein Licht!

»Als ich zu ihm um Hilfe schrie, wusste ich: Gott wird mir helfen!«
Psalm 63,17

07
Mai

Bete nicht einfach, um gebetet zu haben. **Bete wie David**, bete mit der Gewissheit, dass dadurch **etwas passieren wird**!

Mein Tag

Ziel des Tages

Ich möchte beim Beten auch wirklich GLAUBEN, dass sich dadurch etwas verändert!

Mein Gebet

»Jesus, heute bitte ich dich um Hilfe in meiner aktuellen Not

___________________________________.

Danke, dass du dieses Gebet erhören wirst.
Ich preise dich dafür! Amen.«

08
Mai

»Auf einen Freund kannst du dich immer verlassen; wenn es dir schlecht geht, ist er für dich wie ein Bruder.«
Sprüche 17,17

Tipp des Tages

Neue Freundschaften entstehen, wenn wir neue Wege gehen!

Was, wenn der Freundeskreis, den du momentan hast, eigentlich noch viel größer sein könnte? Vielleicht sehnst du dich nach mehr **Freundschaften,** weißt aber nicht, wie sie entstehen sollen? Warte nicht darauf, dass die anderen sich ändern, **ändere du etwas – und wage den ersten Schritt!**

Mein Tag

Frage an mich

Was kann ich ändern, um mehr und tiefere Freundschaften zu bekommen?

Mein Gebet

»Herr, ich hätte so gern
mehr tiefe und echte Freundschaften. Bitte zeige mir den Weg,
den ich gehen soll, um diese zu finden.
Amen.«

Tipp des Tages

Weil Gott sieht, wer du bist, weiß er auch, was du vermisst!

»Nichts ist so undurchschaubar wie das menschliche Herz, es ist unheilbar krank. Wer kann es ergründen? Ich, der Herr, durchschaue es; ich kenne jeden Menschen ganz genau!«
Jeremia 17,9–10

09
Mai

Dieser Vers hat es in sich, was? Doch was er dir wirklich zeigen will, ist, **dass Gott dich durch und durch kennt** – und dass er weiß, wie viel Schmerz dein Herz schon erlebt hat! Nichts auf der Welt kann es heilen – nur ER! Und weißt du was? Er kann nicht nur, er WILL auch!

Mein Tag

Ziel des Tages

»Ab-beten« und Abgeben: Ich will aufschreiben, was mein Herz verletzt hat, und dann jeden Punkt »ab-beten« und an Gott abgeben!

Mein Gebet

»Jesus, ich gebe dir mein Herz. Mein schmerzerfülltes Herz. Danke, dass ich nichts verstecken muss – und auch nicht kann! Denn ich weiß, dass du mir nur helfen willst. Bitte heile mein Herz! Amen.«

10
Mai

»Wenn es jemandem von euch mangelt [...] soll er Gott darum bitten, und Gott wird sie ihm geben.«
Jakobus 1,5

Tipp des Tages

Es bringt dir nichts, wenn es dich Gott nicht näherbringt.

»Soll ich es tun oder nicht?« Diese Frage ist so wichtig, dass du sie dir mehrfach täglich stellen solltest. Wir alle werden überrannt mit Informationen, Angeboten und Möglichkeiten. Doch was dich wirklich weiterbringt ist das, **was dich Gott näherbringt.**

Mein Tag

Ziel des Tages

Ich möchte mir heute mehrfach die Frage stellen, ob das, was ich tue, gut für mich und in Gottes Sinne ist oder nicht.

Mein Gebet

»Herr, schenke du mir bitte Weisheit,
um heute die richtigen Entscheidungen zu treffen.
Amen.«

Tipp des Tages

Lass dich nicht von der Ablenkung ablenken.

»Alles, was ihr tut, soll von der Liebe bestimmt sein.« Epheser 5,11; NGÜ

11 Mai

In manchen Situationen will man gar nicht von der Liebe bestimmt werden. Besonders dann nicht, wenn einem selbst Unrecht widerfahren ist und wir uns denken: »Die hätten es doch verdient, dass sie auch mal was abbekommen!« Gott wünscht sich aber, dass du liebst. Und **das schaffst du**, wenn du ihn bittest, dir dabei zu helfen!

Mein Tag

Ziel des Tages

Ich werde mindestens für eine Person, der ich eigentlich keine Liebe geben möchte, beten und ihr etwas Gutes tun.

Mein Gebet

»Jesus, ich will nicht immer von der Liebe bestimmt sein, wenn ich ehrlich bin. Denn manche Leute verletzen mich immer wieder. Hilf mir bitte, so zu lieben, wie du mich liebst. Amen.«

12

Mai

»Kämpfe den guten Kampf des Glaubens!«
1. Timotheus 6,12

Tipp des Tages

Der Kampf ist ein Bestandteil des Sieges!

Was bedeutet das für dich persönlich? Wenn du für den Glauben kämpfst, dann bedeutet das, **Menschen mit Freundlichkeit zu begegnen**. Mit einem Lächeln. Mit Vergebungsbereitschaft. Mit guten Taten. Jetzt weißt du vielleicht, wieso das »Kampf« genannt wird. Weil uns diese Dinge nicht immer leichtfallen und wir gegen uns selbst kämpfen müssen, um so zu leben und uns immer wieder für das Gute zu entscheiden!

Frage an mich

Würde man über mich sagen, dass ich freundlich bin? Gutes tue? Ermutigend bin? Ein Lächeln auf den Lippen trage?

Mein Tag

Mein Gebet

»Jesus, hilf mir bitte,
diesen Kampf des Glaubens erfolgreich zu kämpfen.
Ich will für das Gute eintreten.
Amen.«

Tipp des Tages

Es ist an der Zeit für mehr Zeit mit ihm!

»Sie [die Bibel] soll uns unterweisen; sie hilft uns, unsere Schuld einzusehen, wieder auf den richtigen Weg zu kommen und so zu leben, wie es Gott gefällt.«
2. Timotheus 4,16

13 Mai

Wenn du dir **Zeit für Gott und sein Wort** nimmst, dann ist es unmöglich, unverändert zu bleiben! Du wirst dadurch automatisch gelassener, glücklicher und bekommst einen Frieden, den nur Gott dir schenken kann. Also, greif zu!

Mein Tag

Ziel des Tages

Ich möchte erleben, wie die Zeit mit Gott und seinem Wort mich verändert!

Mein Gebet

»Jesus, ich will leben, wie es dir gefällt. Mir wird bewusst, dass ich dafür mehr Zeit mit dir und deinem Wort verbringen muss. Und ich will es tun! Stupse du mich bitte immer wieder liebevoll an, wenn das in meinem Leben zu kurz kommt. Dir will ich dienen. Amen.«

14
Mai

*»Hilfe suchend blicke ich
zum Herrn,
denn er wird mich aus der
Schlinge ziehen.«
Psalm 25,15*

Tipp des Tages

Tu heute Morgen etwas, worauf du heute Abend stolz sein wirst!

Wohin blickst du, wenn du in eine Situation geraten bist, die komplizierter oder hoffnungsloser nicht sein könnte? Auf den Boden? Oder zu deinen Freunden – und erwartest von ihnen eine Lösung? Oder blickst du gleich zu dem, der nur darauf wartet, von dir zu hören und dir zu helfen? **Bete.** Denn Beten führt dich weiter als alles »Drüber-reden«.

Mein Tag

Me Time

Ich gönne mir einen Moment der Ruhe, blicke auf zu meinem Gott und lasse los, im Vertrauen auf ihn.

Mein Gebet

»Jesus, es stimmt. Ich bin sehr schnell im Reden und oft zu langsam im Mit-dir-Reden. Heute bringe ich meine Sorgen direkt zu dir. Ich blicke zu dir! Und ich weiß, du wirst mich hier wieder herausholen. Dafür danke ich dir jetzt schon! Amen.«

Tipp des Tages

Du kannst Gott nur hören, wenn du hin-hörst!

»Glücklicher sind die Menschen, die Gottes Botschaft hören und danach leben.«
Lukas 11,28

15 Mai

Du kannst die Bibel lesen und dir denken: »Ja, ja, das war für die Leute von damals bestimmt.« Dann wirst du nie hören, was Gott dir wirklich sagen möchte. **Hinhören bedeutet auch: GLAUBEN.** Lies die Bibel anders – denn sie ist Gottes Wort an dich!

Mein Tag

Ziel des Tages

Ich möchte die Bibel mit anderen Augen lesen. Und in dem Glauben, dass die Worte darin mir gelten.

Mein Gebet

»Jesus, ich möchte hin-hören! Hilf mir, wirklich zu glauben, dass jedes Wort der Bibel auch mir gilt, und verändere mein Leben dadurch. Amen.«

16 Mai

*»Sucht die Nähe Gottes,
dann wird er
euch nahe sein.«
Jakobus 4,8*

Tipp des Tages

Geh im Vertrauen,
aber geh!

Du brauchst dich heute vor nichts zu fürchten! Denn Gott möchte an deiner Seite und mit dir zusammen durch diesen Tag gehen! Mach dir das bewusst, indem du zuallererst **seine Nähe** suchst!

Mein Tag

Ziel des Tages

Ich werde mich nicht fürchten, sondern mich immer wieder an Gottes Nähe erinnern!

Mein Gebet

»Jesus, ich komme heute direkt zu dir!
Ich möchte mit dir durch diesen Tag gehen,
denn ich brauche dich und deinen Schutz.
Amen.«

Tipp des Tages

Du kannst nicht erwarten, mit Gott durchzustarten, ohne Zeit für ihn zu haben.

»Herr, ein Tag in deinem Tempel ist mehr wert als tausend andere!«
Psalm 84,11

17 Mai

Zeit mit Gott bedeutet: sich die Gegenwart des lebendigen Gottes, der interessiert an dir ist und **ALLES von dir wissen will**, immer wieder bewusst zu machen.

Mein Tag

Ziel des Tages

Heute will ich ganz bewusst bei jedem noch so kleinen Schritt Gott mit einbeziehen.

Mein Gebet

»Jesus, vergib mir, dass mir oft ›andere‹ und ehrlich gesagt auch ›sinnlose‹ Dinge so wichtig sind und mich wertvolle Zeit mit dir kosten. Hilf mir bitte, das besser in den Griff zu bekommen. Amen.«

18

Mai

»Er ist der Herr, unser Gott! Auf der ganzen Welt hat er das letzte Wort!«
Psalm 105,7

Tipp des Tages

Du kannst immer weitergehen – auch ohne zu verstehen!

Es gehört dazu, im Leben auch einmal an einem Punkt zu stehen, an dem scheinbar gar nichts mehr Sinn macht. **Und es ist gar nicht so schlecht,** dort zu stehen. Denn du kannst dennoch – im Vertrauen – weitergehen und genau dadurch die Wunder Gottes erleben!

Mein Tag

Ziel des Tages

Ich werde mich immer wieder aufrappeln und weitermachen, auch wenn ich mich nicht danach fühle.

Mein Gebet

»Eigentlich verstehe ich gerade nicht, was los ist, Jesus. Doch ich möchte deswegen nicht stehen bleiben. Ich werde weitergehen und darauf vertrauen, dass du ein Wunder tust. Weil du Gott bist. Amen.«

Tipp des Tages

Die Hilfe werden wir manchmal nicht sofort sehen, doch erleben, wenn wir im Vertrauen weitergehen!

»Ich schaue hinauf zu den Bergen – woher kann ich Hilfe erwarten? Meine Hilfe kommt vom Herrn, der Himmel und Erde gemacht hat!«
Psalm 121,1–2

19 Mai

Meinst du, du hättest je von dem jungen David gehört, der den Riesen Goliath besiegt hat, wenn er darauf gewartet hätte, Hilfe zu sehen? **Er handelte im Vertrauen mit dem, was er in diesem Moment hatte** – und er richtete seinen Blick auf den, dem alles möglich war und ist!

Mein Tag

Ziel des Tages

In welchem Bereich meines Lebens bin ich stehen geblieben und warte auf sichtbare Hilfe, bevor ich weitergehe? Könnte ich vielleicht heute im Vertrauen wagen, einen Schritt weiterzugehen?

Mein Gebet

»Jesus, auch ich möchte meinen Blick auf dich richten! Ich vertraue auf deine Hilfe und gehe heute den ersten Schritt – im Vertrauen auf deine Hilfe, die kommen wird! Amen.«

20

Mai

»Doch hängt nicht wehmütig diesen Wundern nach! Bleibt nicht bei der Vergangenheit stehen! Schaut nach vorne, denn ich will etwas Neues tun!«
Jesaja 43,18–19

Tipp des Tages

Es lohnt sich immer WEITERZUGEHEN, weil WUNDER meist HINTER DEN KULISSEN entstehen!

Was hast du denn schon WUNDERvolles erlebt? Und macht dein Herz nicht einen Sprung, wenn du dich daran zurückerinnerst? Und jetzt kommt's: Gott möchte nicht, dass du nur Erinnerungen an vergangene Wunder hast. **Er möchte dir neue Wunder schenken** – für genau die Situation, in der du dringend ein Wunder bräuchtest! Ist nicht schon dieser Gedanke WUNDERvoll?!

Mein Tag

Frage an mich

Was habe ich schon WUNDERvolles erlebt, was ich vorher nie für möglich gehalten hätte?

Mein Gebet

»Jesus, du bist WUNDERvoll und deswegen bitte ich dich um neue Wunder! Weil du schon einmal bewiesen hast, dass du das Unmögliche tun kannst, und ich glaube, dass du es wieder tun kannst – und wirst! Amen!«

Tipp des Tages

Wenn du mit Gott lebst, kannst du darauf vertrauen, dass auch du Wunder erlebst!

»Seid mutig und stark! Habt keine Angst, und lasst euch nicht von ihnen einschüchtern! Der Herr, euer Gott, geht mit euch! Er hält immer zu euch und lässt euch nicht im Stich!«
5. Mose 31,6

21
Mai

Was schüchtert dich gerade ein? Egal, was es ist, die Antwort bleibt dieselbe: **Gott geht mit dir und lässt dich nicht im Stich!** Auch heute nicht!

Mein Tag

Frage an mich

Was liegt schwer auf meinem Herzen? Was gebe ich Jesus heute im Vertrauen auf seine Hilfe ab?

Mein Gebet

»Jesus, ich gebe dir meine aktuelle schwierige Situation ab, denn sie ist mir zu schwer geworden. Danke, dass du mich nicht im Stich lässt und mir immer die Option eines Wunders bleibt! Danke, dass ich es erleben werde! Amen.«

22
Mai

»Lasst nicht die Geldgier euer Leben bestimmen. Gebt euch zufrieden mit dem, was ihr habt. Denn Gott selbst hat versprochen: ›Ich werde dich nie vergessen und dich niemals im Stich lassen.‹«
Hebräer 13,5

Tipp des Tages

Vollkommene Sicherheit findest du nur bei deinem vollkommenen Gott!

Das Wort **Sicherheit** wird sofort mit Geld in Verbindung gebracht. Weil die Welt dir keine größere Sicherheit als die finanzielle geben kann. **Sie ist limitiert. Das ist dein Gott nicht**. Deswegen bietet er dir eine noch größere Sicherheit an: seine Begleitung durch dein Leben von jetzt an bis in alle Ewigkeit!

Mein Tag

Frage an mich

Verunsichert mich meine finanzielle Situation oder habe ich meine Sicherheit in Jesus schon gefunden?

Mein Gebet

»Jesus, hilf mir, nicht auf Geld zu bauen, sondern auf dich zu vertrauen! Du bist alles, was ich brauche! Amen.«

Tipp des Tages

Gott zu vertrauen
bedeutet,
auf Wunder zu bauen.

»Gott aber kann viel mehr tun, als wir jemals von ihm erbitten oder uns auch nur vorstellen können.«
Epheser 3,20

23
Mai

Mein Tag

Das WUNDERvolle an WUNDERN ist, dass sie unerwartet geschehen. Deswegen ist es so wichtig, niemals den Kopf in den Sand zu stecken!

»Du kannst den Kopf neigen, um zu deinem Gott zu schreien – doch niemals, um zu verzweifeln, denn er hört dein Schreien!«

Frage an mich

Glaube ich an einen Gott, der auch in meinem Leben Wunder tun kann?

Mein Gebet

»Jesus, so neige ich meinen Kopf,
um zu dir zu schreien.
Bitte greife in meine Situation ein,
ich brauche dich! Amen.«

24
Mai

»Lasst den Mut nicht sinken, denn die Freude am Herrn gibt euch Kraft!«
Nehemia 8,11

Tipp des Tages

Wenn wir auf das Gute sehen, wird es leichter sein, voller Freude weiterzugehen!

Was siehst du zuerst? Die kleinen Freudendiebe des Tages oder die vielen Gründe, **dankbar und somit glücklich** zu sein?

Mein Tag

Frage an mich

Wofür bin ich heute dankbar?

Mein Gebet

»Jesus, DANKE!
Einfach DANKE dafür,
dass du so gut zu mir bist!
Amen.«

Tipp des Tages

Diese Sicherheit bleibt in alle Ewigkeit.

»Bei dir bin ich in Sicherheit.«
Psalm 32,7

25 Mai

Sicher hast du schon einmal einen heftigen Sturm in deinem Leben erlebt. Doch du bist heute noch da! Ist das nicht Beweis genug, **dass Gott dich niemals hängen lassen wird**? Auch nicht bei dem Sturm, der dir heute vielleicht begegnen wird?

Mein Tag

Ziel des Tages

Ich will mich heute Morgen schon bewusst »in Sicherheit bringen«, indem ich Gott diesen Tag anvertraue!

Mein Gebet

»Jesus,
danke für die Sicherheit,
die du mir schenkst.
Amen.«

26

Mai

»Nach mir sollst du verlangen, und ich werde dich sättigen, ja, ich schenke dir Segen im Überfluss.«
Psalm 81,11

Tipp des Tages

Stell dich in Gottes Licht – und du siehst im Spiegel nicht einfach dich – sondern ein von Gott gewolltes Ich!

Dieser Bibelvers hat sehr viel mit deiner **Identität** zu tun. Denn je mehr du »nach Gott verlangst«, desto klarer wirst du sehen, **wie er dich sieht** und was er in dir sieht!

Mein Tag

Frage an mich

Beurteile oder verurteile ich mich sogar, wenn ich mit menschlicher Sicht auf mich blicke, oder sehe ich mich durch Gottes Augen?

Mein Gebet

»Jesus, ich meine es wirklich so:
Ich will mehr von dir, um besser mit mir selbst umzugehen.
Fülle mich mit deiner Weisheit!
Amen.«

Tipp des Tages

Lass los, was dir heute nicht guttut, denn es wird dir auch morgen nicht guttun.

»Halte dich nicht selbst für klug; gehorche Gott und meide das Böse! Das heilt und belebt deinen ganzen Körper, du fühlst dich wohl und gesund.«
Sprüche 3,7–8

27 Mai

Heute ist ein **Wellness Day** angesagt! Und diese Art von **Wellness beginnt im Inneren**. Fühlst du dich in letzter Zeit etwas unglücklich, dann lass uns einmal kurz aufräumen:

1. Habe ich etwas in mein Leben gelassen, das mir nicht guttut?
2. Habe ich Wege eingeschlagen, von denen ich weiß, dass sie Gott missfallen?
3. Bin ich eventuell in die »Lästerfalle« getappt?

Mein Tag

Mein Gebet

»Jesus, ich erkenne gerade, dass es mir nicht grundlos schlechter geht. Ich lege dir mein Versagen hin und es tut mir wirklich leid! Bitte vergib mir! Und schenk mir die Lebensfreude zurück! Amen.«

28
Mai

»Wie ein Baum in der Erde, so sollt ihr in Christus fest verwurzelt bleiben, und nur er soll das Fundament eures Lebens sein. Haltet fest an dem Glauben!«
Kolosser 2,7

Tipp des Tages

Wie tief deine Wurzeln gehen, entscheidet darüber, wie hoch deine Flügel dich heben!

Du willst heute **vorankommen**, oder? Weiter, als du jemals zuvor in deinem Leben vorangekommen bist, richtig? **Es ist möglich!** Und es beginnt damit, dass du dich wie bei einem Hausbau für das **richtige Fundament** entscheidest. Bereit?

Mein Tag

Frage an mich

Habe ich mich für das richtige Fundament entschieden?

Mein Gebet

»Jesus, ich möchte wirklich tiefe Wurzeln haben. Wurzeln, die mich nicht wanken lassen, selbst wenn der Sturm um mich herum tobt. Deswegen möchte ich dich als mein Fundament im Leben haben. Ja, ich entscheide mich heute ganz neu für dich! Amen.«

Tipp des Tages

Gott kann
und er will!

»An dir will ich meine Herrlichkeit zeigen.«
Jesaja 49,3

29
Mai

Du hast die Wahl, auf deinen Schmerz und deine Verletzungen zu schauen, oder deinen Fokus auf den zu legen, der einen Plan mit deinem Leben – und oft sogar mit deinen Schmerzen und Verletzungen hat! Damit ist schon ein sehr wichtiger Schritt getan. Weil du dann beginnst, auf einen Plan zu vertrauen, der größer ist als dein Verstand. **Auf einen Plan, bei dem plötzlich alles möglich ist!**

Mein Tag

Ziel des Tages

Ich möchte immer wieder bewusst meinen Fokus anpassen und auf Gottes Möglichkeiten blicken.

Mein Gebet

»Jesus, danke, dass du mich – mit meinen Schmerzen
und Verletzungen – gebrauchen möchtest,
um an mir deine Herrlichkeit zu zeigen.
Tu es bitte heute! Amen.«

30
Mai

»Reiche und Arme haben eines gemeinsam: Gott, der Herr, schenkte ihnen das Leben.«
Sprüche 22,2

Tipp des Tages

Du kannst dein Leben füllen und immer leerer werden. Oder dein Leben etwas leeren und immer erfüllter werden.

Ist es nicht großartig, dass du kein volles Bankkonto brauchst, um ein erfülltes Leben zu führen? Ganz im Gegenteil: Viele Menschen versuchen, ihr Konto oder ihr Leben zu füllen, doch es wird dabei immer leerer. Nicht du! Denn du weißt, wer dir das **Leben in Fülle** schenkt (siehe Johannes 10,10)! Vergiss das auch heute nicht!

Ziel des Tages

Ich möchte sehen, wie erfüllt mein Leben ist, und schreibe deshalb auf, wofür ich dankbar bin:

____

____

Mein Tag

Mein Gebet

»Jesus, danke für dieses Geschenk!
Danke für die Fülle an Gutem, die du mir geben kannst und willst! Darum bitte ich dich heute!
Amen.«

Tipp des Tages

Reagiere heute positiv auf alles Negative!

*»Glücklich sind,
die erkennen, wie arm sie
vor Gott sind,
denn ihnen gehört sein
himmlisches Reich.«
Matthäus 5,3*

31 Mai

In welchem Bereich fühlst du dich aktuell »arm«? Arm an Liebe? Arm an Frieden? Arm an Vertrauen? Gott kann dir in genau diesem Bereich das geben, wonach du dich sehnst! In dem Vers heißt es: »Ihnen gehört sein himmlisches Reich« – also auch dir! Und **in diesem himmlischen Reich findest du alles**, was du je brauchen könntest! Deswegen darfst du heute trotz deiner »Armut« positiv auf diesen Tag blicken und das WUNDERvolle darin entdecken, **das »Gott sei Dank« möglich ist**!

Mein Tag

Ziel des Tages

Ich halte mich an den Tipp des Tages und versuche, alles Negative positiv zu sehen!

Mein Gebet

»Jesus, das klingt alles erst einmal schwierig und fast unmöglich. Doch ich bitte dich um deine Weisheit. Hilf mir zu glauben, dass ich Zugang zu deinen göttlichen Möglichkeiten habe, die aus jedem Minus ein Plus machen können. Amen.«

Notizen

Tipp des Tages

Jesus lebt!
Und er will,
dass du lebst …
und diese Wahrheit
weitererzählst!

»Meinen Frieden gebe ich euch; einen Frieden, den euch niemand auf der Welt geben kann.«
Johannes 14,27

01 Juni

Du weißt etwas, das die Menschen, denen du heute begegnen wirst, vielleicht nicht wissen: **Dass es möglich ist, wahren Frieden zu finden!** Deswegen ist es so wichtig, dass du diese Information nicht für dich behältst, sondern mit den Menschen teilst, die dir begegnen!

Mein Tag

Ziel des Tages

Ich möchte heute mutig und voller Liebe meinen Glauben und die damit verbundene Hoffnung mit anderen Menschen teilen!

Mein Gebet

»Jesus, hier bin ich, bitte gebrauche mich heute
und lass mich auf offene Herzen stoßen,
die bereit sind, dich in ihr Leben zu lassen.
Amen.«

02
Juni

»Was ihr sagt, soll für jeden gut und hilfreich sein, eine Wohltat für alle.«
Epheser 4,29

Tipp des Tages

Schmeiß heute mit Komplimenten um dich und sei dir sicher, dass du auch jeden damit erwischst!

Du! Ja, DU! **DU bist einfach wundervoll!** So wie du jetzt gerade dasitzt. Einfach nur perfekt! Das ist 100-prozentig sicher und steht außer Frage!
Tut es nicht gut, das zu hören? **Gib es weiter!** Denn wirklich jeder braucht solche **Ermutigungen**.

Mein Tag

Ziel des Tages

Ich möchte heute mindestens drei Menschen mit guten Worten überraschen!

Mein Gebet

»Jesus, hilf mir,
das Gute in anderen zu sehen und auszusprechen.
Ich will ein/e Ermutiger/in sein!
Amen.«

Tipp des Tages

Hoffnung ist dir gegeben, um weiter als deine aktuellen Umstände zu sehen!

»Ich aber werde stets auf dich hoffen und noch mehr dazu beitragen, dass man dich überall rühmt. Aus meinem Mund wird man hören, wie du deine Treue erweist, den ganzen Tag will ich davon reden, dass du Rettung schenkst. Ich kann gar nicht mehr zählen, wie oft du schon geholfen hast.«
Psalm 71,14–15

03
Juni

Es muss nicht gut aussehen, um gut zu werden! Und du kannst gut über deine Zukunft sprechen, bevor du sehen kannst, dass sie gut wird! Wieso? **Weil du ein Mensch bist, der einen Gott kennen darf**, der seine Zukunft in seiner Hand hält. Punkt.

Mein Tag

Ziel des Tages

Ich bringe durch meine eigenen Worte Gutes in mein Leben!

Mein Gebet

»Jesus,
du bist gut, gut, gut!
Und das glaube ich!
Amen.«

04
Juni

»Deshalb lassen wir uns von dem, was uns zurzeit so sichtbar bedrängt, nicht ablenken, sondern wir richten unseren Blick auf Gottes neue Welt, auch wenn sie noch unsichtbar ist.«
2. Korinther 4,18

Tipp des Tages

Das, was du nicht siehst, ist das, was dir die Kraft zum Überleben gibt!

Entscheidend ist immer, worauf du blickst. Auf das Sichtbare oder auf das, was dir verborgen, aber genauso **real** ist. Gott kann dir die Augen für diese reale – jedoch noch unsichtbare – Welt und die damit verbundene **Hoffnung** öffnen, wenn du ihn darum bittest.

Mein Tag

Frage an mich

Wo brauche ich aktuell ein Wunder?

Mein Gebet

»Jesus, ich brauche diese Hoffnung auf Veränderung von dir, die ich noch nicht sehen kann. Lass du mich bitte verstehen, dass sie real ist. Amen.«

Tipp des Tages

Sei dir sicher, beim Weitergehen nicht an Jesus vorüberzugehen.

»Darauf sagte Jesus zu ihnen: Wie wenig versteht ihr doch! Warum begreift und glaubt ihr nicht?«
Lukas 24,25

05
Juni

Wie läuft es bei dir gerade? Läuft es so richtig gut? Das ist toll! Dann stelle einfach sicher, dass du nicht an Jesus vorübergehst, weil du ihn »gerade nicht brauchst«. **Denn er ist immer noch der Einzige**, der genau weiß, was du gestern gebraucht hast und was du heute und auch morgen brauchen wirst.

Mein Tag

Ziel des Tages

Ich möchte mein aktuelles Leben überprüfen. Wo gehe ich gerade eventuell an Jesus »vorbei«?

Mein Gebet

»Jesus, ich bin mir dessen bewusst, dass ich dich immer brauche und ich will dich immer brauchen. Denn du bist der Weg, der wirklich zum Leben führt. Amen.«

06
Juni

»Dankt Gott für alles.«
1. Thessalonicher 5,18

Tipp des Tages

Eine Sekunde der Dankbarkeit erspart dir eine Sekunde der Traurigkeit.

Selbst wenn du heute nicht so glücklich aufgewacht sein solltest, lässt sich deine Stimmung noch ändern! Wie? Indem du damit anfängst, **Gott zu danken!** Und den Rest erledigt er. Probiere es aus und lass dich überraschen!

Mein Tag

Ziel des Tages

Ich möchte meine Traurigkeit durch Dankbarkeit in Freude verwandeln! Indem ich aufschreibe, wofür ich dankbar bin, und Gott für jeden einzelnen Punkt danke!

Mein Gebet

»Danke, dass du meine Traurigkeit schlagartig in Freude verwandeln kannst! Allein dafür danke ich dir schon! Amen.«

Tipp des Tages

Selbst wenn gerade nicht alles möglich ist, gibt es immer noch genug, das möglich ist!

»Ein Mensch kann durch festen Willen sogar körperliche Krankheit ertragen; aber wer den Mut zum Leben verloren hat, ist zu nichts mehr in der Lage.«
Sprüche 18,14

07
Juni

Es ist so wichtig, sich selbst dazu zu **motivieren**, das zu sehen, was möglich ist! Denn dieser **Wille**, der die Folge einer – deiner – Entscheidung ist, wird dir die Augen für das öffnen, was eben doch noch möglich ist.

Mein Tag

Ziel des Tages

Ich will lernen, das zu sehen, was möglich ist!

Mein Gebet

»Jesus, mach mich zu einem Menschen,
der immer die Hoffnung anstatt der Hoffnungslosigkeit sieht,
die Möglichkeit vor dem, was unmöglich erscheint.
Amen.«

08
Juni

»Passt euch nicht dieser Welt an, sondern ändert euch, indem ihr euch von Gott völlig neu ausrichten lasst.«
Römer 12,2

Tipp des Tages

Veränderung zuzulassen, bedeutet automatisch, auch Wachstum zuzulassen.

Veränderung fällt nicht jedem leicht. Doch du musst nicht allein durch diesen Prozess, **weil Gott dir dabei helfen möchte**. Nimm ihn nicht nur mit in diesen Prozess, sondern lass dich von ihm durch ihn hindurchführen.

Mein Tag

Ziel des Tages

Ich will heute etwas an meinem Leben verändern. Einen ersten kleinen Schritt gehen. Welcher wird das sein?

Mein Gebet

»Jesus, mach aus mir einen Menschen,
der dir Freude macht.
Verändere mich in deinem Sinne.
Amen.«

Tipp des Tages

Gottes Plan endet nicht bei deinem letzten Sieg.
Er führt dich weiter bis an das von ihm erdachte Ziel!

»Da antwortete ihm der Herr: ›Komm aus deiner Höhle heraus und tritt vor mich hin! Denn ich will an dir vorübergehen!‹«
1. Könige 19,11

09
Juni

Es ist nur menschlich, sofort wieder zu zweifeln, selbst wenn man Gott gerade »erlebt« hat. Elia erging es nicht anders. Obwohl er gerade einen großen **Sieg** errungen hatte, war er bald darauf unter Todesängsten auf der Flucht und zweifelte daran, ob Gott wieder eingreifen würde. **Zweifel nicht! Zweifel nicht!** Gott will an dir vorübergehen, damit du ihn erkennst.

Mein Tag

Frage an mich

Wann habe ich schon einmal erlebt, dass Gott ein Wunder in meinem Leben vollbracht hat? Glaube ich, dass er es wieder tun kann?

Mein Gebet

»Jesus, ich bete darum,
dass mein Glaube so stark wird,
dass absolut kein Zweifel mehr Platz haben wird.
Amen.«

10 Juni

»Vergeltet niemals Unrecht mit neuem Unrecht.«
Römer 12,17

Tipp des Tages

Wenn wir Menschen lieben, wird es uns immer zum Besten dienen.

Im ersten Moment erscheint es leichter, nachtragend zu sein. Doch das Einzige, was du wirklich »nach-trägst« ist Frust, der dein eigenes Leben infizieren wird. Versuche stattdessen, **Liebe nachzutragen,** immer! Denn auch Jesus trägt dir nichts nach – er vergibt. Er liebt. Dich.

Mein Tag

Ziel des Tages

Wem trage ich schon länger etwas nach? Wem möchte ich heute neu meine Liebe schenken?

Mein Gebet

»Jesus, hilf mir bitte zu vergeben.
Menschen so sein zu lassen,
wie sie sind, und sie so zu lieben.
Amen.«

Tipp des Tages

Gott hat keine Panik, wenn er auf deine Probleme blickt. Er hat einen PLAN mit deinen Problemen.

»Wir haben die ganze Nacht gearbeitet und nichts gefangen. Aber weil du es sagst, will ich es wagen.«
Lukas 5,4

11 Juni

Mein Tag

Simon hatte schon alles dafür getan und schwer gearbeitet, um in dieser Nacht erfolgreich Fische zu fangen. Doch die Netze waren leergeblieben. Enttäuscht hatte er sein Boot schon wieder angelegt, doch als er auf Jesus hörte und – **trotz Enttäuschung und Müdigkeit** – noch einmal hinausfuhr und sein Netz auswarf, erlebte er ein großes Wunder!

Frage an mich

Wo habe ich der Enttäuschung den Platz übergeben? Welchen Traum sollte ich heute neu vor Gott bringen?

Mein Gebet

»Jesus, auch ich bin müde und habe eigentlich meinen Traum, wie das Boot, schon wieder ans sichere Ufer angelegt und wage mich nicht mehr aufs Wasser. Bitte greife wie bei Simon ein und lass auch mich mein Wunder erleben! Amen.«

12

Juni

»Gott hat uns alles geschenkt, was wir brauchen!«
2. Petrus 1,3

Tipp des Tages

Sei stärker als deine stärkste Ausrede!

Du musst ja gar nicht alles selbst können! Deswegen darfst du mutig weitermachen, auch wenn dir etwas Angst macht. Denn Gott hat dir schon alles gegeben, was du brauchst, um die Herausforderung zu meistern, die vor dir liegt: SICH SELBST – und dadurch darfst du eine **persönliche Beziehung** zu ihm haben – und ihn **persönlich um Hilfe für das bitten, was dir Angst macht**!

Mein Tag

Frage an mich

Was sind meine Lieblingsausreden?

Mein Gebet

»Ich möchte aufhören, Ausreden zu erfinden!
Du siehst, in welchen Bereichen ich das immer wieder tue.
Verändere mich – durch diese Beziehung,
die ich zu dir haben darf. Ich danke dir dafür. Amen.«

Tipp des Tages

Du wirst deinen wahren Wert erst erkennen, wenn du ihn nicht mehr davon abhängig machst, was andere über dich denken.

»Da sagte Gott: ›Jetzt wollen wir den Menschen machen, unser Ebenbild, das uns ähnlich ist.‹«
1. Mose 1,27

13
Juni

Gott hätte die Möglichkeit gehabt, aus dir das **Ebenbild** einer Ameise oder eines Nilpferdes zu machen. Doch **er wollte, dass du IHM ähnlich bist!** Ihm! Versuche das zu begreifen und die »Ich bin nichts wert«-Lüge wird nicht anders können – und weichen!

Mein Tag

Frage an mich

Bin ich bereit, meine Selbstzweifel durch die Wahrheit – wer ich wirklich bin und wessen ich bin – zu ersetzen?

Mein Gebet

»Vater im Himmel, ich möchte dir danken, dass du mich nach deinem Ebenbild erschaffen hast! Wie schön du mich doch gemacht hast! Ich staune. Amen.«

14 Juni

»Ihr werdet die Wahrheit erkennen und die Wahrheit wird euch befreien!«
Johannes 8,32

Tipp des Tages

Die Wahrheit kannst du nicht verändern. Doch die Wahrheit kann dich verändern!

Manche **Wahrheit** tut erst einmal weh. Das hast du sicher auch schon erlebt. Doch langfristig wird sie immer ein **Schutz** – und be-FREIend – für dich sein!

Mein Tag

Ziel des Tages

Ich glaube heute der Wahrheit! Was bedeutet das konkret für mich?

Mein Gebet

»Jesus, hilf mir bitte, keine Unwahrheiten zu verbreiten oder zu glauben, sondern immer klar bei dem zu bleiben, was mich frei werden oder frei bleiben lässt. Amen.«

Tipp des Tages

Gottes Weisheit löscht dein Selbstmitleid.

»Er allein gibt Weisheit, und nur von ihm kommen Wissen und Urteilskraft.« Sprüche 2,6

15 Juni

Das **Gegenmittel** für **Selbstmitleid** ist **Gottes Weisheit**! Denn mit dieser Weisheit wirst du klarer sehen – und verstehen, dass Selbstmitleid nur eine Bremse ist, die Gott lösen möchte!

Mein Tag

Frage an mich

Wo bremst mich aktuell mein Selbstmitleid?

Mein Gebet

»Jesus, schenke mir bitte Weisheit, damit ich richtig über meine Situation urteile und nicht in Selbstmitleid versinke. Ich möchte diese Bremse in meinem Leben lösen. Amen.«

16

Juni

»Achtet also genau darauf, wie ihr lebt [...] dient Gott!«
Epheser 5,15–16

Tipp des Tages

Nutze deine Zeit ganz bewusst und vermeide dadurch großen Frust.

Gott hat dir einen neuen **Tag mit wertvollen 24 Stunden** geschenkt. Dass du heute lebst, ist kein Zufall. Er möchte durch dich Menschen mit seiner Liebe erreichen. Dadurch dienst du ihm. Und weißt du was? **Es macht so glücklich, genau das zu tun,** denn ja: Dazu wurdest du geboren!

Mein Tag

Frage an mich

Wie sieht mein Tag heute aus? Bin ich verplant oder habe ich sinnvoll geplant?

Mein Gebet

»Jesus, ich möchte heute mit offenen Augen durch den Tag gehen. Ich bin bereit, meine Zeit sinnvoll zu nutzen und deine Liebe zu verbreiten! Amen.«

Tipp des Tages

Genieße HEUTE und du wirst MORGEN ein schönes GESTERN gehabt haben!

»Das größte Glück genießt ein Mensch in dem kurzen Leben, das Gott ihm gibt, wenn er isst und trinkt und es sich gut gehen lässt bei aller Mühe.«
Prediger 5,17

17
Juni

Wie schön, dass auch das in der Bibel steht: »Du darfst und du sollst genießen!« Ja, du sollst vor allem das Essen genießen! Und was gibt es Schöneres, als mit Freunden das Leben zu genießen? Nimm dir die Zeit, solche Momente bewusst zu erleben, an die du morgen gerne zurückdenkst!

Mein Tag

Ziel des Tages

Ich möchte einen Moment schaffen, an den ich morgen gerne zurückdenken werde. (Ja, das ist möglich!)

Mein Gebet

»Jesus, ich will dir einfach DANKE sagen. Danke, dass du mir so viel gibst. DANKE, dass ich genießen darf! Amen.«

18
Juni

»Vertraut ihr Gott so wenig?«
Matthäus 6,30

Tipp des Tages

Gott hat dir in deiner Situation einen Auftrag gegeben! Und damit wirst du für andere – und auch für dich selbst – zu einem großen Segen!

Anstatt dich zu fragen: »Wieso ich?«, kannst du auch fragen: »Was willst du durch mich tun?« **Gott hat einen Plan mit deinen Problemen** und er kann so viel mehr durch deine Situation – ja, durch dich(!) – tun, als du dir vorstellen kannst!

Mein Tag

Me Time

Einfach mal entspannen. Sein. Gott vertrauen.

Mein Gebet

»Jesus, ich will dir danken!
Danken dafür, dass du mir das zumutest.
Ja, wirke du durch meine Situation – und durch mich.
Ich vertraue dir! Amen.«

Tipp des Tages

Es lohnt sich, die eigene Einstellung neu einzustellen.

»Denkt bei allem daran, dass ihr für den Herrn und nicht für Menschen arbeitet.«
Kolosser 3,23

19
Juni

Mein Tag

Hast du heute »Lust« auf das, was ansteht? An manchen Tagen wirst du laut »JA!« rufen, an anderen wiederum »Es geht so ...« antworten. Das ist normal. Doch du kannst eine gute Balance da hineinbringen, wenn dir bewusst ist, dass **jeder Moment ein Geschenk** ist, und du, ganz egal, was du gerade tust, für Gott lebst und arbeitest!

Ziel des Tages

Bevor ich mich über jemanden oder etwas ärgere, möchte ich daran denken, dass ich diese Arbeit für Gott tue oder diesen Moment für Gott lebe!

Mein Gebet

»Jesus, ich möchte lernen,
in dem Bewusstsein zu leben, dass ich nicht für Menschen
lebe und arbeite, sondern für dich!
Bring die Freude darüber bitte in mein Leben. Amen.«

20 Juni

»Deshalb beugt euch unter Gottes mächtige Hand. Gott wird euch aufrichten, wenn seine Zeit da ist.«
1. Petrus 5,6

Tipp des Tages

Ein mit Gott gelebtes Leben ist immer ein sinnvolles Leben!

Vielleicht hast du das Gefühl, zu kurz zu kommen. Du machst so viel, doch es wird einfach nicht gesehen. Wie lange soll das noch so gehen? Wie viel mehr musst du noch tun? Weißt du was? Solange die Basis, von der aus du lebst und arbeitest, Gott ist, wird das, was du tust, vielleicht nicht von anderen Menschen geschätzt, aber von Gott **zum richtigen Zeitpunkt** ins richtige Licht gerückt werden!

Frage an mich

Wie sehr bin ich noch abhängig von der Wertschätzung anderer Menschen? Wie kann ich das ändern?

Mein Tag

Mein Gebet

»Jesus, bitte schenke mir Durchhaltevermögen.
Ich wünsche mir, dass es mir wichtiger wird,
was du über mich denkst, und nicht, was Menschen denken.
Amen.«

Tipp des Tages

Für Neues im Leben macht es Sinn, Altes aufzugeben.

»Schaut nach vorne, denn ich will etwas Neues tun!«
Jesaja 43,19

21 Juni

Wir sind oft versucht, zurückzublicken, weil das das Einzige ist, was wir kennen. Die Zukunft können wir nicht sehen, **doch wir dürfen vertrauen**! Und in diesem Vertrauen darfst du **das Alte loslassen**, um Neues zu erleben!

Mein Tag

Ziel des Tages

Ich will heute etwas loslassen, das ich schon viel zu lange mit mir herumschleppe und was mir einfach nicht guttut.

Mein Gebet

»Jesus, ich möchte im Heute leben. Das Schöne im Heute sehen. Mir nicht immer Sorgen um gestern oder morgen machen, sondern heute erleben, was dir alles möglich ist! Hilfst du mir bitte dabei? Amen!«

22
Juni

»Wer hart arbeitet, hat Erfolg.«
Sprüche 12,24

Tipp des Tages

Ausreden zu finden, braucht meist genauso viel Zeit, wie die Arbeit direkt zu erledigen.

Kennst du das? Du musst etwas erledigen, hast aber nicht wirklich Lust darauf, findest **Ausreden, warum du noch nicht anfangen kannst,** und schlussendlich schiebst du es weiter vor dir her und erledigst es überhaupt nicht. **Ändere diese Denke** und erspare dir viel Zeit, die du später für das nutzen kannst, was dir Spaß macht!

Mein Tag

Frage an mich

Wann erfinde ich Ausreden, die mich doch nur wertvolle Zeit kosten?

Mein Gebet

»Jesus, ich möchte besser werden. Fleißiger. Ich möchte lernen, die Dinge sofort anzugehen, auch wenn es mir erst einmal schwerfällt. Bitte hilf mir dabei. Amen!«

Tipp des Tages

Gott schenkt dir die Kraft, während du einfach Freude an ihm hast.

*»Dieser Tag gehört unserem Gott.
Lasst den Mut nicht sinken,
denn die Freude am Herrn
gibt euch Kraft!«
Nehemia 8,10*

23
Juni

Was auch immer heute ansteht, **mach aus »deinem« Tag »seinen« Tag,** indem du dich entscheidest, Freude an Gott zu haben! Ganz sicher wirst du dabei erleben, wie er dir die Kraft schenkt, die du heute brauchen wirst!

Mein Tag

Ziel des Tages

Was genau freut mich an Gott?

Mein Gebet

»Vater im Himmel, ich freue mich über dich!
Ich freue mich, dein Kind sein zu dürfen!
Ich freue mich, dich überhaupt kennen zu dürfen.
Ich liebe dich. Amen.«

24
Juni

*»Ich bin der Erste
und der Letzte,
der Anfang und das Ziel.«
Offenbarung 22,13*

Tipp des Tages

Wenn wir unsere Welt anhalten, weil die Welt stillsteht, dann kennen wir den nicht, wegen dem sich die Welt überhaupt erst dreht.

Der Corona-Lockdown war eine Zeit, in der es sich tatsächlich so angefühlt hat, als würde unsere Welt stillstehen. Doch nur aus unserer Sicht war das so. Denn **aus Gottes Sicht** dreht sich immer alles nach seinem Plan weiter. Und deswegen ist es einfach **WUNDERvoll,** den kennen zu dürfen, der die Welt erst zum Drehen bringt! Das ist deine Sicherheit!

Me Time

Heute möchte ich mich einfach einmal zurücklehnen und Gott die Kontrolle meines Lebens übergeben.

Mein Tag

Mein Gebet

»Vater, ich danke dir,
dass ich dein Kind sein darf und du mich schützt!
Welch ein Vorrecht, dich kennen zu dürfen.
Amen.«

Tipp des Tages

Lass dir den Tag nicht nehmen, denn Gott will dir auch heute geben!

»Denn Gott, der Herr, wird ihr Licht sein!«
Offenbarung 22,5

25
Juni

Manche Tage fangen schon so düster an, dass man gar keine Lust hat aufzustehen. Das kennst du sicher. Doch genauso sicher solltest du in solchen Momenten wissen, dass Gott dein Licht ist. Und gegen dieses Licht kommt keine Dunkelheit an. **Also steh auf, denn sein Licht möchte dich heute führen!**

Mein Tag

Ziel des Tages

Ich möchte heute bewusst nach den Lichtblicken Ausschau halten!

Mein Gebet

»Jesus, sei das Licht an meinem heutigen Tag. Ich brauche dich so sehr. Amen.«

26
Juni

»Ein freundliches Wort schenkt Freude am Leben.«
Sprüche 15,4

Tipp des Tages

Entdecke und erwecke das Beste in deinen Mitmenschen!

Du kannst heute Gutes tun – einfach nur durch deine Worte! **Sei heute die Ermutigung**, die du dir selbst wünschen würdest. Und eines ist sicher: Das Gute kommt definitiv zu dir zurück!

Mein Tag

Ziel des Tages

Ich möchte heute mindestens drei Personen ermutigen!

Mein Gebet

»Jesus, schenk mir
bitte genau die richtigen Worte
für die Menschen, die mir heute begegnen werden.
Amen.«

Tipp des Tages

Kämpfe nicht gegen andere. Kämpfe für andere.

»Räche dich nicht
und sei nicht nachtragend!
Liebe deinen Mitmenschen
wie dich selbst.
Ich bin der Herr.«
3. Mose 19,18

27 Juni

Diese Aussage »Ich bin der Herr« ist der grundlegende Unterschied. Nicht du selbst bist der Herr beziehungsweise die Herrin (über diese Situation), genauso wenig wie die andere beteiligte Person. **Gott ist der Herr.** Und er könnte sagen: »Hol dir dein Recht! Es steht dir zu.« Doch **Gott ist Liebe**. Und deswegen erwartet er nichts anderes von dir, als ebenfalls zu lieben.

Mein Tag

Ziel des Tages

Ich möchte heute für die Liebe kämpfen!

Mein Gebet

»Jesus, meine erste Reaktion ist oft nicht die Liebe. Sie ist manchmal eher ›Dem zeige ich's‹. Doch ich möchte deine Liebe anzapfen und diese Liebe dann an andere weitergeben. Weil DU der Herr bist und nicht ich. Amen.«

28

Juni

»Wichtiger als alles andere ist die Liebe. Wenn ihr sie habt, wird euch nichts fehlen.«
Kolosser 3,14

Tipp des Tages

Wo keine Liebe ist, kannst du Liebe hinbringen!

Denke nicht: »Oh nein, die Welt ist so schlecht.« **Freu dich stattdessen über die Wahrheit,** dass du die Liebe finden durftest, die diese Welt verändern kann. Und dann geh hinaus und verändere deine Welt, indem du dort liebst, **wo man keine Liebe erwartet!**

Mein Tag

Ziel des Tages

Wo könnte ich heute diese Liebe – unerwartet – verbreiten?

Mein Gebet

»Welch ein Vorrecht, diese Liebe
von dir bekommen zu haben!
Danke, Jesus!
Jetzt will ich hinausgehen und sie weitergeben! Amen.«

Tipp des Tages

Werde zu dem Menschen, der du sein möchtest.

»Achtet also genau darauf, wie ihr lebt.« Epheser 5,15

29 Juni

Du bist dazu bestimmt, du selbst zu sein. Du bist dazu bestimmt, das Beste aus deiner Zeit zu machen. Du bist dazu bestimmt, glücklich zu sein. Wann fängst du damit an?

Mein Tag

Frage an mich

Was ist mir wirklich wichtig im Leben? Wann fühle ich mich »ganz bei mir«?

Mein Gebet

»Jesus, was willst du von mir?
Was ist der Weg, den ich gehen soll?
Bitte hilf mir, das zu erkennen.
Amen.«

30 Juni

»Dagegen bringt der Geist Gottes in unserem Leben nur Gutes hervor: Liebe und Freude, Frieden und Geduld, Freundlichkeit, Güte und Treue, Besonnenheit und Selbstbeherrschung. Ist das bei euch so?«
Galater 5,22–23

Tipp des Tages

All das wird er dir geben – darum lass ihn in dein Leben!

Ist das bei dir so? **Lebst du** in dieser Liebe, Freude, in diesem Frieden, dieser Geduld, Freundlichkeit, Güte, Treue, Besonnenheit und Selbstbeherrschung? Gar nicht so leicht, nicht wahr? Doch du musst es gar nicht selbst schaffen, so zu leben. **Du darfst Gott bitten**, dir dabei zu helfen, diese Ziele zu erreichen.

Ziel des Tages

Ich nehme mir Zeit, um zu überprüfen, ob diese Attribute in meinem Leben bereits vorzufinden sind, und wenn nicht, bitte ich den Heiligen Geist bewusst, das zu ändern.

Mein Tag

Mein Gebet

»Heiliger Geist, ich bitte dich, in meinem Leben in vollem Maße wirksam zu werden! Ich wünsche mir das so sehr und danke dir für diese vielen wertvollen Geschenke, die du mitbringst und immer weiter wachsen lässt. Amen.«

Tipp des Tages

Er kann dich sehen und er wird dich segnen!

»Segne uns,
denn wir gehören zu dir.
Führe uns wie ein Hirte
und sorge allezeit für uns!«
Psalm 28,9

01
Juli

Gott hat so viele Möglichkeiten, dich in deinem Leben mit **Segen** zu überraschen. Und weil er dein Vater ist, will er das auch tun! Genau wie ein irdischer Vater freut sich auch dein himmlischer Vater, wenn du ihm immer wieder diesen vertrauensvollen Blick zuwirfst – auch, oder gerade, wenn es gerade nicht danach aussieht, als würdest du gesegnet werden. Wirf ihm diesen Blick zu, der sagt: »Ich weiß, du wirst es wieder tun!«

Mein Tag

Ziel des Tages

Ersetze den Gedanken »Mir geht's gerade nicht so gut« durch den Satz »Ich weiß, Gott wird mich wieder segnen«!

Mein Gebet

»Vater, du bist da!
Du führst mich!
Und ich bitte dich, mich heute
mit Segen zu überraschen. Amen.«

02
Juli

»Der Herr ist bei euch, solange ihr bei ihm bleibt.«
2. Chronik 15,2

Tipp des Tages

Willst du Gottes Reden erleben, musst du ihm die Zeit dafür geben.

Gott will **zu dir sprechen**, selbst wenn du jetzt gerade denkst: »Aber ich habe ihn noch nie reden hören.« Manchmal ist es eben nicht das »Reden mit Worten«, sondern dieses Bauchgefühl, das plötzlich da ist und dir zeigt, dass du etwas tun oder eher nicht tun solltest. Oder es ist ein/e Freund/in, die dir im richtigen Moment das sagt, was du hören solltest. **Gottes Reden** kann ganz unterschiedlich ausfallen! Wichtig ist, dass du nicht einfach sagst: »Zu mir spricht er eh nicht«, sondern bewusst auf solche »Zeichen« oder auch dieses bestimmte Bauchgefühl achtest. Wieso? Weil der Herr bei dir ist, solange du bei ihm bist!

Mein Tag

Frage an mich

Wann habe ich Gottes Reden schon einmal durch mein Bauchgefühl oder von einer/m Freund/in wahrgenommen?

Mein Gebet

»Danke, Jesus,
dass du mit mir reden möchtest.
Danke, dass ich dir
so wertvoll bin. Amen.«

Tipp des Tages

Lass die Zweifel fallen – dann wirst du erkennen: Du wirst gehalten!

»Ich sage euch: Um was ihr auch bittet – glaubt fest, dass ihr es schon bekommen habt, und Gott wird es euch geben!«
Markus 11,24

03
Juli

Wow! Was ist dein Gebet? Glaubst du wirklich, dass es wahr werden kann? Dieser Vers soll dir heute die Augen öffnen: Dein Gott ist ein guter Gott, der Gutes für dich will! **Glaube nur!**

Mein Tag

Ziel des Tages

Ich möchte lernen, ohne Zweifel zu glauben!

Mein Gebet

»Jesus, ich habe dieses Gebet schon einmal vor dich gebracht: ______________________________. Heute tue ich es noch einmal – doch meine Zweifel, die lasse ich los. Danke, dass du mich erhören willst! Amen.«

04

Juli

»Macht euch keine Sorgen!«
Matthäus 6,25

Tipp des Tages

Lass heute los, was dich morgen nicht mehr belasten soll!

Es ist ein Satz. Ein starker Satz. Ein Satz, der schwer umzusetzen ist, doch ein Satz, der die Macht hat, **alles in deinem Leben zu verändern!**

Mein Tag

Ziel des Tages

Verwandle Momente der Sorge in Momente der Dankbarkeit!

Mein Gebet

»Jesus, dieses Thema ist sehr herausfordernd für mich. Doch für dich ist es ein leichtes Spiel, mir meine Sorgen zu nehmen. Ich weiß ja, dass dir alles möglich ist. Und genau deswegen sollte ich mich nicht sorgen. Und ich will es lernen! Hilf mir bitte dabei! Amen.«

Tipp des Tages

Gott liebt dich endlos, so wie du bist. Darum lieb du ihn einfach dafür, wer er ist!

»Wegen unserer Sünden waren wir in Gottes Augen tot. Doch er hat uns so sehr geliebt […].«
Epheser 2,4

05
Juli

Hast du den Satz schon einmal gesagt: »Der oder die ist für mich gestorben!«? Ein krasser Satz! Er klingt so endgültig … In Gottes Augen waren auch wir einmal »tot«. Doch das konnte seine **UNENDLICHE LIEBE** zu uns nicht stoppen – er tat alles, um dich heute, hier und jetzt zu erreichen und dir zu zeigen, dass er DICH LIEBT!

Mein Tag

Frage an mich

Wer ist Gott eigentlich für mich? Und liebe ich ihn wirklich?

Mein Gebet

»Vater, ich staune darüber, wie sehr du mich liebst! Danke, danke, danke, dass du mir meine Vergehen nicht anrechnest und mir stattdessen noch mehr Liebe schenkst. Ja, auch ich liebe dich! Amen.«

06

Juli

»Ja, du hast deine Versprechen eingelöst und alle meine Erwartungen übertroffen.« Psalm 138,2

Tipp des Tages

Gott kann mehr als du – darum WARTE AB und lass ihn tun!

Es ist möglich, dass du diesen Vers schon in kurzer Zeit selbst dankend beten wirst. Es ist möglich, dass Gott deine heutige Situation morgen schon verändert hat. Es ist möglich, morgen schon wieder zu lachen, wenn du heute noch weinst. Es ist möglich! **Alles ist IHM möglich!**

Memo an mich

Es ist möglich, dass Gott mein/e

____

in __________________

verwandeln wird.

Mein Tag

Mein Gebet

»Jesus, ich glaube!
Dir ist alles möglich!
Auch in meiner Situation!
Ja, ich glaube! Amen.«

Tipp des Tages

Zweifel nicht an dem, was du nicht siehst. Sonst verpasst du die Möglichkeiten, die dir der Glaube gibt!

»Der Glaube ist der tragende Grund für das, was man hofft: Im Vertrauen zeigt sich jetzt schon, was man noch nicht sieht.«
Hebräer 11,1

07
Juli

Mein Tag

Das Schöne am Glauben ist, dass **zu jedem Zeitpunkt** das WUNDERvolle geschehen kann! Doch deine Zweifel können dir diese Schönheit des Glaubens kaputt machen, wenn du es zulässt. Eigentlich wünscht sich Gott, dass du dich freust, bevor du das Wunder erlebst – weil du die tiefe Gewissheit in deinem Herzen trägst, dass es Gott eben genau darum geht: um das Erleben neuer Wunder!

Frage an mich

Was war das letzte Wunder, das ich erleben durfte?

Mein Gebet

»Wow. Jetzt verstehe ich!
Du willst mich gar nicht im Dunkeln lassen!
Durch diese Zeiten willst du nur neue Wunder entstehen lassen!
Ich vertraue dir! Ja, ich vertraue dir! Amen.«

08
Juli

»Auch der Menschensohn ist nicht gekommen, um sich bedienen zu lassen. Er kam, um zu dienen.«
Markus 10,45

Tipp des Tages

Wenn wir von Herzen geben, werden wir automatisch glücklicher leben!

Es macht einen Unterschied, ob du aus einem gewissen Druck heraus Gutes tust oder ob du es zu deiner **Lebenseinstellung** gemacht hast. Jesus hätte uns nichts geben »müssen«. Wir hatten es schließlich überhaupt nicht »verdient«. Doch **er gab aus purer Liebe!** Liebe. Punkt.

Mein Tag

Frage an mich

Tue ich Gutes, weil ich muss oder weil ich wirklich liebend und dienend leben will?

Mein Gebet

»Jesus, schenk mir bitte ein dienendes Herz.
Ein Herz,
das Menschen liebt und deswegen gerne gibt.
Amen.«

Tipp des Tages

Warte nicht auf den perfekten Moment. Nimm den Moment und mach ihn perfekt.

*»Doch sehnt sich der Herr danach,
euch gnädig zu sein.«
Jesaja 30,18*

09 Juli

Mein Tag

Gott hat keine Agenda, in der steht: »Heute mache ich meine Kinder glücklich – morgen aber nicht.« **Gott will, dass du immer glücklich bist!** Lass dich deswegen nicht beirren, wenn es einmal so aussehen sollte, als würdest du nicht vorankommen. Du kannst jederzeit ein **Stoßgebet** losschicken und dabei zusehen, wie sich deine Situation zum Positiven verändert!

Ziel des Tages

Wenn es heute mal nicht so läuft wie geplant, ruhe ich mich in der Gewissheit aus, dass Gott es gut mit mir meint.

Mein Gebet

»Danke, Jesus, dass du mich immer wieder daran erinnerst, dass du nur Gutes für mich willst! Dass es so eine Liebe gibt, ist wirklich kaum zu glauben – und doch gibt es sie! Bei dir! Ich fasse es einfach nicht … Danke dafür. Amen!«

10

Juli

»Bemühe dich um das wirklich Wichtige: Weisheit, Selbstbeherrschung und Einsicht!«
Sprüche 23,23

Tipp des Tages

Das, worum du dich heute bemühst, kann das fehlende Teilchen sein, das morgen alles zusammenfügt!

Dieser Tag bietet dir so viele tolle Möglichkeiten. Du kannst dich heute um etwas bemühen, das du schon morgen brauchen könntest. Die Bibel ist klar darin, worum du dich bemühen solltest, also greif zu, denn **Gott möchte es dir geben!**

Mein Tag

Frage an mich

Wie wichtig ist es mir, diese Eigenschaften in meinem Leben verwirklicht zu sehen?

Mein Gebet

»Jesus, bitte fülle mein Leben mit Weisheit, Selbstbeherrschung und Einsicht. Danke, dass all das bei dir zu finden ist und dass du so gerne gibst! Amen.«

Tipp des Tages

Gott hat der Welt sein Bestes gegeben – meinst du nicht, er will auch das Beste für dein Leben?

»Gott hat seinen eigenen Sohn nicht verschont, sondern ihn für uns alle dem Tod ausgeliefert. Sollte er uns da noch etwas vorenthalten?«
Römer 8,32

11 Juli

Wenn jemand dir das Wertvollste schenkt, das er hat, was denkst du dann über diese Person? Ganz sicher, dass sie dich liebt, oder? Bei Menschen kann sich das jedoch auch schnell wieder ändern. Doch nicht bei Gott! Er hat dir sein Wertvollstes geschenkt – **und er würde es wieder tun!** Denn er liebt dich mit einer Liebe, die einfach nicht zu be-greifen ist – und dennoch kannst du sie er-greifen. Weil er sich genau das von Herzen wünscht.

Mein Tag

Frage an mich

Wenn ich wirklich glauben könnte, dass Gott mich SO SEHR liebt, was würde das an meinem Alltag ändern?

Mein Gebet

»Vater, es ist fast unmöglich zu begreifen, was du für mich getan hast. Doch ich will diese Liebe ergreifen – und dir heute mit meinen persönlichen und einfachen Worten DANKE dafür sagen: Danke für ____________________. Amen.«

12 Juli

*»Wie glücklich
können erst die sein,
die mich nicht sehen
und trotzdem glauben.«
Johannes 20,29*

Tipp des Tages

Auf dein Vertrauen folgt großes Staunen!

Thomas wollte Jesu Wunden sehen, bevor er glauben konnte, dass Jesus sein Wort gehalten hatte und wirklich auferstanden war. Und das, obwohl Jesus ihm vorher schon gesagt hatte, dass es passieren würde. Jesus hat auch dir heute – also ebenfalls »vorher« – schon so viel Gutes zugesagt (lies seine Worte einfach in der Bibel nach), **jetzt liegt es an dir** zu glauben, bevor du siehst!

Mein Tag

Frage an mich

Wo und wann schleichen sich in meinem Glauben immer wieder Zweifel ein und was kann ich dagegen tun?

Mein Gebet

»Jesus, ich will glauben können,
bevor ich sehe!
Bitte stärke meinen Glauben
und lass mich dadurch staunen! Amen.«

Tipp des Tages

Du brauchst dich nicht zu sorgen, denn du gehörst ihm – und das sowohl heute als auch morgen!

»Im Leben wie im Sterben gehören wir dem Herrn.«
Römer 14,8

13
Juli

Was für eine **Sicherheit**! Der Gott, der gestern das Wunder in deinem Leben vollbracht hat (überlege mal, was hat er in letzter Zeit alles für dich getan!), ist auch der Gott, der heute, morgen, übermorgen und **BIS IN ALLE EWIGKEIT** für dich da sein möchte und der dich als sein kostbares Eigentum sieht! Ist das nicht WUNDERvoll?

Mein Tag

Frage an mich

Wenn ich Gott nicht vertraue, wem dann? Wem gehört mein Herz?

Mein Gebet

»Jesus, das klingt wirklich wundervoll! Wieso schaffe ich es nicht, dir zu 100 Prozent zu vertrauen? Ich will es können, bitte hilf du mir dabei! Danke, dass ich dir so wichtig bin, dass du mich dein Eigen nennst. Wow. Amen.«

14
Juli

»Sein Leben lang erfährt er Gutes.« Psalm 25,13; NGÜ

Tipp des Tages

Achte darauf MIT Gott zu leben, denn er will dir GUTES geben!

Du kannst Sport treiben und dich richtig gut fühlen danach. Doch dieses Gefühl verblasst, wenn du dann eine Zeit lang wieder nichts für deine Fitness getan hast. Du weißt, dass du nur aufstehen müsstest, um etwas daran zu ändern, aber tust es nicht. Mit Gott ist es nicht anders. Du hast sicher schon großartige **Momente in seiner Nähe** erlebt, doch sobald du aufhörst, bewusst mit ihm zu leben, verblasst dieses schöne Gefühl wieder. Steh auf, suche ihn, denn er will dir etwas geben: **echtes Leben!**

Mein Tag

Ziel des Tages

Bei jedem Schritt möchte ich heute an ihn denken – und mit ihm leben!

Mein Gebet

»Immer wieder passiert es mir und ich wünschte, dem wäre nicht so. Es fällt mir schwer, das zu sagen, doch ich lebe tatsächlich nicht immer ›mit dir‹. Bitte verändere mein Herz und mein Denken. Richte alles nach dir aus! Ich will mit dir leben! Amen.«

Tipp des Tages

Er hat diese schwere Zeit zugelassen. Doch er selbst wird dich nie verlassen!

»Wenn sie durch ein dürres Tal gehen, brechen dort Quellen hervor und ein erfrischender Regen bewässert das Land.«
Psalm 84,7

15
Juli

Vielleicht kommt es dir so vor, als würde alles anders laufen als geplant. Doch nicht für Gott! Er sieht nämlich schon heute, was morgen sein wird, und mehr als das: Vielleicht brauchst du **die Erfahrung des heutigen Sturmes** für das, was morgen vor dir liegt! Weil Gott dir dadurch zeigen möchte, **wie stark er durch und für dich sein** kann! Und dank deiner »Sturmerfahrung« wirst du später anderen ermutigend weitergeben können, wie stark er durch und für sie sein kann! Und vergiss niemals: Er will dich auch durch diesen Sturm tragen!

Mein Tag

Frage an mich

Welcher Sturm in der Vergangenheit hat im Nachhinein »Sinn« gemacht? Was konnte ich daraus mitnehmen?

Mein Gebet

»Danke, Jesus, dass du mir heute nicht nur zur Seite stehst, sondern auch weißt, wie wichtig dieser Sturm für mich sein könnte und mich deswegen durch ihn hindurchträgst. Amen.«

16
Juli

»Alles, was Gott uns gibt, ist gut und vollkommen!«
Jakobus 1,17

Tipp des Tages

Selbst der schlechteste Tag hält etwas Gutes für dich bereit, wenn du darauf vertraust, dass Gott es immer gut mit dir meint!

»Sieh es positiv!« Wieso auch nicht? Denn egal, wie der Tag beginnt, es bleiben noch genug Stunden, in denen Gott dir wieder einmal beweisen kann, dass es **nur ein Wort von ihm** braucht, um deine Situation zu verändern!

Mein Tag

Ziel des Tages

Positiv bleiben – was auch passieren mag!

Mein Gebet

»Jesus, der Tag hat nicht so toll begonnen, und es kostet mich viel Kraft, so weiterzumachen. Bitte sprich nur ein Wort, damit meine Situation sich verändert und ich einen WUNDERvollen Tag erleben darf. Ich weiß, dass es dir möglich ist. Amen.«

Tipp des Tages

Du wirst immer sehen, dass du mehr als genug hast, wenn du sehen willst, dass du mehr als genug hast.

»Freue dich über den Herrn; er wird dir alles geben, was du dir von Herzen wünschst.«
Psalm 37,4

17 Juli

Wie geht es dir? Ganz ehrlich? Und weshalb geht es dir so? Aha, deswegen! Weißt du was? Ob deine Antwort nun positiv oder negativ ausgefallen ist – zukünftig kannst du immer die gleiche Gefühlsbasis haben! Wie das? Indem du dich über Gott freust, egal, ob es dir gerade gut geht oder schlecht! Seine Laune ändert sich nicht und seine Meinung über dich auch nicht, **weil er dich liebt** – und dir deswegen gerne gibt! Vielleicht solltest du gerade jetzt einmal mit ihm darüber reden …

Mein Tag

Ziel des Tages

Ich möchte Jesus mehr in mein Leben mit einbeziehen. In jede Stunde. In jede Sekunde.

Mein Gebet

»Jesus, immer wieder versuche ich ›selbst‹ glücklich zu werden. Das funktioniert, wenn es gerade ›gut läuft‹, doch wenn die Tränen fließen … Na ja, du weißt schon. Hilf mir, IMMER mit dir über alles zu reden. Amen.«

18 Juli

»Vergib uns unsere Schuld, wie wir denen vergeben, die uns Unrecht getan haben.«
Matthäus 6,12

Tipp des Tages

Vergebung ist mehr als ein Geben. Es ist auch ein Nehmen.

Ja, du darfst und du sollst Vergebung »geben«. Oder hast du vergessen, dass auch du dir schon einmal **das Geschenk der Vergebung** »genommen« hast, als du Jesu Vergebung »angenommen« hast?

Mein Tag

Frage an mich

Könnte ich beim Thema Vergebung großzügiger werden?

Mein Gebet

»Jesus, ich danke dir, dass du mir nicht nur einmal vergeben hast! Ich nehme deine Vergebung auch heute wieder für meine Fehler an und möchte sie denen weitergeben, die sich mir gegenüber nicht richtig verhalten haben. Amen.«

Tipp des Tages

Nimm im Gebet Abstand zu deinem aktuellen Umstand, denn auch dieser ist 100-prozentig in Gottes Hand!

»Auf den lebendigen Gott haben wir all unsere Hoffnung gesetzt!«
1. *Timotheus 4,10*

19
Juli

Deine lebendige Hoffnung findest du in Jesus! Nicht in dem, was gerade um dich herum passiert. Deswegen darfst du **Abstand zu deinem Umstand** nehmen und seine Nähe suchen. Er wird dir seine lebendige Hoffnung in dein Herz legen, während er weiter **FÜR DICH** kämpft.

Mein Tag

Me Time

Ich gönne mir heute Momente der Ruhe, während ich auf IHN hoffe!

Mein Gebet

»Jesus, ich möchte meine Augen nicht vor dem verschließen, was gerade in meinem Leben passiert. Doch ich möchte sie lange genug schließen, um ganz bei dir zu sein und dich dadurch an meiner Stelle kämpfen zu sehen. Amen.«

20 Juli

»Weil du gehorsam warst und mir deinen einzigen Sohn als Opfer geben wolltest, werde ich dich überreich beschenken.«
1. Mose 22,16+17

Tipp des Tages

Hinter dem, was menschlich nicht zu verstehen ist, verbirgt sich oft ein Segen, der größer als dein Verstehen ist!

Der Moment, in dem Gott dich um etwas bittet, verlangt manchmal sehr viel von dir ab. Und vielleicht erlebst du das gerade jetzt. Abraham hatte auf eine buchstäblich **wundervolle Art und Weise** noch einen Sohn bekommen, und jetzt sollte dieser sterben, weil Gott es so wollte? Menschlich betrachtet war das nicht zu verstehen. Doch Gott wollte sehen, wie sehr Abraham ihm vertraute – um ihm noch mehr zu geben. Noch mehr Segen!

Mein Tag

Frage an mich

Bin ich bereit, Gott genauso zu vertrauen wie Abraham? Ohne seinen Willen zu verstehen?

Mein Gebet

»Jesus, stärke meinen Glauben. Es fällt mir schwer, diese eine Sache ________________________ loszulassen, doch ich will es tun, um noch mehr Segen zu erleben. Amen.«

Tipp des Tages

Jesus will bei dir leben, dazu darfst du ihm VOLLER VERTRAUEN den Schlüssel zu deiner Wohnung geben!

»Doch ich wohne auch bei denen, die traurig und bedrückt sind. Ich gebe ihnen neuen Mut und erfülle sie wieder mit Hoffnung.«
Jesaja 57,15

21
Juli

Gerade wenn du dich nicht so glücklich fühlst, solltest du dir die Frage stellen, wer gerade deinen Wohnungsschlüssel in der Hand hält. Ist es die Angst? Die Traurigkeit? Oder sind es die Selbstzweifel? Schnell, schnell! Du als Hausbesitzer entscheidest nämlich, wer den Schlüssel haben darf! **Gib den Schlüssel heute Jesus und werde heil!**

Mein Tag

Me Time

Ich mache es mir heute gemütlich in meiner Wohnung und mache mir bewusst, dass Jesus DA ist.

Mein Gebet

»Jesus, vergib mir bitte, dass ich den Schlüssel in die falschen Hände gegeben habe. Heute reiß ich ihn aus diesen Händen und gebe ihn dir zurück. Denn in deine Hände gehört mein Leben! Amen.«

22 Juli

»Um Christus allein geht es mir. Ihn will ich immer besser kennenlernen.«
Philipper 3,10

Tipp des Tages

Wenn dein tiefster Wunsch, JESUS nahe zu sein, ist, siehst du auch dich selbst in einem neuen Licht!

Wenn du diesen Vers ganz bewusst liest, müsstest du eine Gänsehaut bekommen. Was für ein Wunsch, den Paulus da ausdrückt! Was für eine LEBENSVERÄNDERNDE Entscheidung! Denn **wer Jesus sucht, wird auch sein wahres Ich finden.**

Mein Tag

Frage an mich

In welchen Bereichen meines Lebens beziehe ich Jesus noch nicht mit ein? Lässt sich das HEUTE vielleicht ändern?

Mein Gebet

»Jesus, auch ich will dich immer besser kennenlernen und mich selbst dadurch durch deine Augen sehen lernen. Ich will an den Punkt kommen, an dem auch ich sagen kann, dass es mir allein um dich geht. Führe mich näher an dein Herz, bitte. Amen.«

Tipp des Tages

Entscheide aus der Ruhe heraus und es entsteht Segen daraus!

»Auch uns ist sein Angebot verkündet worden, an seiner Ruhe teilzuhaben.«
Hebräer 4,2; NGÜ

23
Juli

Sicher hast du schon einmal erlebt, wie du aus dem Stress heraus eine Entscheidung getroffen hast, die schlussendlich nicht gut für dich gewesen ist. Denn in einem stressigen Moment denkt man nicht unbedingt an alle **Konsequenzen**. Es braucht einen weiteren Moment, um sich diese bewusst zu machen. Gott kann und will dir die Augen dafür öffnen. Deswegen musst du dich **für die Ruhe entscheiden,** dann kommt er ins Spiel und wird dich leiten!

Mein Tag

Frage an mich

In welche aktuelle Situation könnte ich etwas mehr Ruhe hineinbringen, bevor ich weitermache?

Mein Gebet

»Jesus, wie viele Extramomente ich auch hinzufügen muss, bevor ich eine gute Entscheidung treffen kann, ich möchte das in Zukunft tun. Um von dir ge-führt und nicht von meinen eigenen Wünschen ver-führt zu werden. Amen.«

24
Juli

»Von allen Bäumen im Garten darfst du essen, nur nicht von dem Baum, der dich Gut und Böse erkennen lässt.«
1. Mose 2,16

Tipp des Tages

Wer nur hört, hat noch nicht gehandelt. Doch wer auf die falsche Stimme hört, wird nicht richtig handeln.

Oh, Mann, Adam und Eva! Es hätte doch alles so gut werden können! Wäre diese **Versuchung** nicht gewesen, der sie nicht widerstehen konnten. Auch dich hat Gott so reich beschenkt, doch es gibt Dinge, die du nicht tun beziehungsweise nicht sagen solltest. **Und eigentlich weißt du genau, welche das sind.** Wirst du auf Gott hören und auch dementsprechend handeln?

Mein Tag

Frage an mich

Vor welcher Versuchung stehe ich gerade?

Mein Gebet

»Jesus, ich glaube nicht, dass ich besser bin als Adam und Eva. Und ich weiß, dass nur du mich retten kannst! Hilf mir bitte, der Versuchung zu widerstehen und stark zu bleiben. Amen.«

Tipp des Tages

Du musst nicht wissen, WAS morgen ist, wenn du weißt, WER bei dir ist!

»Bemüht euch doch nicht um das vergängliche Brot, das ihr zum täglichen Leben braucht! Setzt alles dafür ein, die Nahrung zu bekommen [oder weiterzugeben!], die bis ins ewige Leben reicht!«
Johannes 6,27

25 Juli

Im Leben wirst du immer wieder vor **Entscheidungen** stehen. Manche machen dir Angst, weil du keine Ahnung hast, was passieren wird, wenn du JA oder NEIN dazu sagst. Eines aber ist gewiss: Wenn du dich bei deinen Entscheidungen immer für ein »Mit dir, Jesus!« oder sogar ein »Für dich, Jesus!« entscheidest, kannst du fest darauf vertrauen, dass er auch **MIT DIR** und **FÜR DICH** sein wird!

Mein Tag

Frage an mich

Glaube ich, dass Jesus sich für mein ganzes Leben interessiert? Vom Aufstehen bis zum Schlafengehen?

Mein Gebet

»Jesus, mein ganzes Leben möchte ich MIT DIR und FÜR DICH leben. Wirklich jeden einzelnen Atemzug. Amen.«

26
Juli

»Wir haben einen mächtigen Gott! Er ist unser Herr für immer und ewig; allezeit wird er uns führen!«
Psalm 48,15

Tipp des Tages

Das Gegenteil von aufgeben ist etwas unternehmen.

Hol dir die Hilfe, die du brauchst. Ändere etwas an deinen Gewohnheiten. Fang an, dich selbst zu lieben. Ärger dich nicht länger über das, was in der Vergangenheit liegt. Wage einen Neubeginn – in welchem Bereich auch immer! **All das ist möglich,** wenn du es wirklich willst und etwas unternimmst, bevor dir die Angelegenheit deine Freude nimmt.

Mein Tag

Ziel des Tages

Ich werde heute etwas unternehmen, um etwas an meiner Situation zu verändern!

Mein Gebet

»Ich habe kaum noch die Kraft, von vorne zu beginnen. Bitte hauche mir wieder neues Leben, neue Kraft und neue Freude ein und lass mich mein Wunder erleben. Und zeig mir, was ich dafür unternehmen muss. Amen.«

Tipp des Tages

Wenn du den Kopf hängen lässt, wirst du niemals sehen, wie viel WUNDERVOLLES noch vor dir liegt!

»Erbitte von mir, was du willst!«
1. Könige 3,5

27
Juli

Wenn ein steinreicher Mensch zu dir sagen würde: »Was wünschst du dir? Ich schenke es dir!«, hättest du einen Zweifel daran, ob es ihm wirklich möglich wäre? Eher nicht! Gott, dem alles gehört, der die Welt – und dich – erschaffen hat, bietet dir an, dir **IN ALLEN BEREICHEN DEINES LEBENS zu helfen**. Hast du ihn denn schon darum gebeten?

Mein Tag

Frage an mich

Wo habe ich den Kopf aktuell hängen gelassen?

Mein Gebet

»Jesus, ich muss wirklich lernen, ZUERST zu dir zu kommen. Dir ist alles möglich, das weiß ich ja. Aber manchmal rede ich mir ein, dass das alles nicht für mich ganz persönlich gilt. Schenk mir bitte das nötige Vertrauen in dich! Amen.«

28
Juli

»Wenn der Herr dich zurechtweist, dann sei nicht entrüstet, sondern nimm es an, denn darin zeigt sich seine Liebe.«
Sprüche 3,11–12

Tipp des Tages

Es ist Gold wert, auf das zu hören, was keiner sagen will!

Es wäre so leicht, nur das zu tun, was dir gefällt. Doch es wäre auch sehr naiv und schlussendlich gefährlich. Deswegen gibt Gott dir – durch sein Wort – so viele (Zurecht-)Weisungen mit. Nicht, um dich zu strafen, sondern um dich urteilsfähig, weise und stark zu machen. Und wieso macht er das alles? **WEIL ER DICH LIEBT**.

Mein Tag

Ziel des Tages

Ich möchte hin-hören und nicht weg-hören!

Mein Gebet

»Jesus, wenn du mich zurechtweist, dann will ich auf dich hören. Und ja, ich glaube, dass du das immer nur aus Liebe tust, weil ich dir so wertvoll bin. Danke dafür! Amen.«

Tipp des Tages

Deine Umstände müssen nicht die besten sein, um zu glauben, dass Gott dein Bestes will.

»Wenn jemand deine Unterstützung braucht und du ihm helfen kannst, dann weigere dich nicht.«
Sprüche 4,27; NGÜ

29 Juli

Wenn wir diesen Vers lesen, dann denken wir – logischerweise –, dass wir anderen helfen sollten. Und das ist auch richtig so. Doch hast du – andersherum – schon einmal überlegt, dass Gott uns nur etwas sagt, das er selbst auch tut? Auch dir möchte er seine Unterstützung anbieten. Heute, in deiner Situation. **Weil es ihm Freude macht**, dir zu zeigen, was ihm alles möglich ist! Und: **Weil er dein Bestes will!**

Mein Tag

Frage an mich

Bringe ich wirklich all meine Anliegen vor Gott? Und bin ich hilfsbereit, wenn andere mit ihren Anliegen zu mir kommen?

Mein Gebet

»Jesus, bitte hilf du mir an diesem Tag und öffne mir die Augen für die Menschen, die auch meine Hilfe benötigen. Amen.«

30
Juli

»Jeder, der an ihn glaubt, wird frei von seinen Sünden!«
Apostelgeschichte 13,39

Tipp des Tages

Weil du FREI WIRST, wenn du SEIN WIRST!

Die Sünde ist ein großes Problem. Sie beeinflusst unsere Gedanken, Entscheidungen und sogar unser Umfeld! Gott wusste, dass wir von allein aus unserem sündigen Verhalten nicht mehr herauskommen würden. Deswegen sandte er seinen Sohn, um für unsere Sünden zu sterben. Jetzt liegt es an uns, mit seinem Sohn zu leben, um diese **Befreiung von unseren Sünden auch wirklich** zu erleben!

Ziel des Tages

Ich möchte auch die Sünde vor Gott bringen, die ich eigentlich versteckt halten wollte:

Mein Tag

Mein Gebet

»Vater, dass du uns, mir, Jesus gesandt hast, damit ich FREI werden kann, das ist das größte Geschenk, das mir je gemacht worden ist! Dankbar nehme ich es an! Mach mich bitte wirklich FREI! Amen.«

Tipp des Tages

Was uns so wichtig ist, das wird irgendwann ohnehin sowieso vergehen. Nur Gottes Wort, das bleibt ewig bestehen.

»Das Gras verdorrt, die Blumen verwelken, aber das Wort unseres Gottes bleibt gültig für immer und ewig!«
Jesaja 40,8

31 Juli

Ist es nicht verrückt? Jeder, wirklich **JEDER ist auf der Suche** nach etwas, das ihn erfüllt. Die einen suchen es zum Beispiel in einer Beziehung oder gehen ihrem Lieblingssport nach. Doch nichts davon hat die Garantie, für immer zu halten. Bis auf das Wort. **Sein Wort**. Das Wort deines Vaters, in dem du **alles findest**, was du je brauchen wirst. Schlägst du es denn auch auf?

Mein Tag

Frage an mich

Wie oft lese ich in der Bibel?

Mein Gebet

»Vater, so oft suche ich an den falschen Stellen nach dem, was mich erfüllen soll. Es fällt mir schwer zu glauben, dass ich all das bei dir finden kann. Kannst du es mich bitte erleben lassen, sodass ich es zukünftig wirklich glauben kann? Amen.«

Notizen

Tipp des Tages

Wenn du Gott suchst, wird deine Sucht nichts mehr zu suchen haben, weil du in ihm alles finden wirst!

»Wenn ihr mich sucht, werdet ihr mich finden. Ja, wenn ihr mich von ganzem Herzen sucht, will ich mich von euch finden lassen. Das verspreche ich euch!«
Jeremia 29,13

01 August

Viele Menschen leiden unter Süchten. Ob es die Sucht nach Aufmerksamkeit, die Magersucht, die Handysucht oder gar die Sucht nach Pornografie ist. Ist dir schon einmal aufgefallen, dass sich in dem Wort »Sucht« auch das Wort »Such« verbirgt? Ja, **deine Sucht ist eigentlich eine Suche** nach etwas. Mit einer Suche nach Erfüllung beginnt jede Sucht. Unbewusst ist es immer auch eine Suche nach demjenigen, der diese Erfüllung wirklich geben kann. Nach demjenigen, der dein Herz findet, während du suchst! Also, lass dich finden und suche Gott, damit deine Sucht immer mehr geschwächt wird.

Mein Tag

Ziel des Tages

Ich möchte mich auf das »Such« konzentrieren, um den zu finden, der meine »Sucht« heilen kann!

Mein Gebet

»Jesus, du kennst meine Sucht nach ____________. Bitte lass mich dich finden und frei davon werden. Amen.«

02 August

»Gott möchte, dass die Waage richtig eingestellt wird und dass die Gewichte stimmen, denn er selbst hat diese Ordnung aufgestellt.«
Sprüche 16,11

Tipp des Tages

Bring es ans Licht, bevor es dich innerlich zerfrisst.

Wen belügen wir eigentlich, wenn wir in den sozialen Medien die schönsten Fotos und fröhlichsten Kommentare posten? Nicht nur die anderen – auch uns selbst! **Heilsamer als ein cooler Post ist die Wahrheit**. Und diese Wahrheit musst du nicht einmal posten, denn nicht alles ist für die Öffentlichkeit bestimmt: »Ich fühle mich heute schrecklich. Mein Herz ist gebrochen.« Doch diese Wahrheit kannst du im Gebet vor Gott bringen, **damit** er **dich heilen kann** – und du wieder ein **authentisches Bild** von dir posten kannst!

Mein Tag

Frage an mich

Sind meine Posts ehrlich? Sind die Worte, die ich meinen Freunden sage, die Wahrheit?

Mein Gebet

»Jesus, ich möchte ein ehrlicher Mensch sein. Und ich möchte lernen, mit meinem Schmerz immer zu dir zu kommen, bevor ich die Welt – und mich selbst – damit belüge. Danke, dass du mein Helfer bist! Amen.«

Tipp des Tages

Spricht auch alles dagegen, bei ihm findest du die Hilfe für dein Leben!

»Wenn du keinen Ausweg mehr siehst, dann rufe mich zu Hilfe! Ich will dich retten, und du sollst mich preisen.«
Psalm 50,15

03 August

Es kann dir nichts passieren, wobei Gott dir nicht mehr helfen könnte. Was für ein Trost! **Was für eine Liebe!** Denn Gott kann dir nicht nur helfen, ER WILL dir helfen! **Willst du denn**, dass er dir hilft?

Mein Tag

Frage an mich

Wo kann ich in meinem Leben die Hoffnungslosigkeit durch SEINE HOFFNUNG ersetzen?

Mein Gebet

»Ja, Jesus, ich will deine Hilfe! Und ich brauche sie!
Im Moment sieht ______________________ ausweglos aus,
doch ich weiß, dass du die Antwort für meine Probleme hast!
Begegne mir heute bitte damit! Amen.«

04
August

»Ich freue mich über dich!«
Psalm 9,3

Tipp des Tages

Freu dich an der Tatsache, dass Gott Gott ist, und du wirst erkennen, dass wirklich nichts wichtiger ist!

Wieso solltest du dich heute nicht einfach mal freuen? Einfach so! Jeder einzelne Tag deines Lebens schenkt dir dazu den gleichen, für immer bestehenden Grund: »**Gott ist Gott**. Gott ist gut. Gott ist **DEIN VATER**.«

Mein Tag

Frage an mich

Worüber werde ich mich heute freuen?

Mein Gebet

»Du nennst dich selbst Vater.
Wie groß ist dieses Geschenk! Ich will mich von Herzen darüber freuen! Danke für die Freude, die ich dank dir erleben darf! Amen.«

Tipp des Tages

Wunder geschehen, damit auch andere Gottes Macht erleben!

»Dir, Herr, will ich von ganzem Herzen danken und erzählen will ich von deinen wunderbaren Taten!«
Psalm 9,2

05 August

Teilst du **deine erlebten Wunder** mit anderen? Oder behältst du sie lieber für dich? Vielleicht denkst du auch, dass deine Wunder nicht groß genug sind! Aber weißt du was? Du trägst vielleicht genau das Wunder in deinem Herzen, das jemand anderes hören muss!

Mein Tag

Ziel des Tages

Ich möchte heute mindestens einer Person erzählen, was ich schon mit Jesus erleben durfte.

Mein Gebet

»Jesus, egal, was du tust, es steckt immer der Plan dahinter, noch mehr Menschen mit deiner Liebe zu erreichen. Ich möchte keine Bremse sein, sondern ein lautes Sprachrohr deiner Güte! Amen.«

06
August

*»Da, wo es nichts
zu hoffen gab, gab er die
Hoffnung nicht auf,
sondern glaubte!«
Römer 4,18; NGÜ*

Tipp des Tages

Du siehst,
was noch nicht ist.
Doch er sieht,
was sein wird!

Abraham ist so ein **großes Glaubensvorbild**. Er glaubte, ohne zu sehen. Und er erlebte, was noch nicht zu sehen war! Genauso darfst du heute **glauben, ohne zu sehen,** um zu erleben, was du noch nicht sehen kannst.

Mein Tag

Frage an mich

Was möchte ich glauben, auch wenn ich es noch nicht sehen kann?

Mein Gebet

»Jesus, heute bete ich für das,
was ich noch nicht sehen kann. Ich möchte glauben,
dass dir alles möglich ist. Und so lege ich
den Wunsch meines Herzens in deine Hände. Amen.«

Tipp des Tages

Fürchte dich nicht vor dem Versagen. Fürchte dich davor, es niemals gewagt zu haben.

»Jedes Kind Gottes kann den Sieg erringen!«
1. Johannes 5,4

07
August

Was ist das Ziel deines Lebens? Was hast du mit deinem Leben vor? Macht es dir Angst, mit deinem Herzensprojekt zu beginnen, weil du Angst hast zu scheitern?

Schritt 1: Beginne deinen Tag – und deinen Plan – immer mit dem Heiligen Geist.

Schritt 2: Gehe jeden Schritt in Richtung Erfüllung deines Traumes in **SEINER MACHT** und mit **SEINER WEISHEIT.**

Mein Tag

Frage an mich

Was möchte ich mit und aus meinem Leben machen?

Mein Gebet

»Heiliger Geist, ich lade dich bewusst
in diesen Tag und in meine ganze Lebensplanung ein.
Führe und leite mich bitte.
Amen.«

08
August

»*Aber nicht, was ich will, sondern was du willst, soll geschehen.*«
Lukas 22,42

Tipp des Tages

Den Weg zu deinem Wunder wirst du nicht immer verstehen, doch am Ziel angekommen wirst du sehen, dass es sich immer lohnt, im Vertrauen weiterzugehen!

Gott möchte nicht, dass du leidest. Er möchte, dass du ihm vertraust. Manchmal braucht es solch einen **»Wachrüttler«**, damit wir wieder in die Sicherheit seiner Nähe zurückkehren. Und dort wirst du erkennen, dass sein Wille, den du vorher nicht verstanden hast, plötzlich Sinn macht. Vertraue ihm heute, auch wenn es dir nicht leichtfällt.

Mein Tag

Frage an mich

Kann es sein, dass ich diesen »Wachrüttler« aktuell tatsächlich brauche? Habe ich mich eventuell von Gott distanziert?

Mein Gebet

»Danke, dass du mich immer wieder zu dir zurückführst. Auch wenn es mal wehtut. Hör niemals damit auf, denn alles, was ich will, ist, bei dir zu sein. Und ja: ICH VERTRAUE DIR. Amen.«

Tipp des Tages

Du hast einen Vater, der gerne gibt, weil er dich endlos liebt!

*»Macht euch keine Sorgen!
Ihr dürft Gott
um alles bitten!«
Philipper 4,6*

09
August

Hast du Gott denn wirklich schon von Herzen um die eine Sache gebeten, die du dir so sehr wünschst? Hast du dazu sein Wort aufgeschlagen, um nach seiner Weisheit zu fragen? Nein? Dann **fang doch heute damit an.** Es wird dir dabei helfen zu verstehen – und **die Dinge plötzlich aus seiner Sicht zu sehen.**

Mein Tag

Me Time

Heute schlage ich die Bibel IN ALLER RUHE auf und verbringe Zeit IN DER STILLE. Einfach so. BEI IHM.

Mein Gebet

»Jesus, ich habe Träume. Große Träume.
Dazu brauche ich dringend deine Hilfe. Meinen Teil will ich ebenfalls tun und deine Antworten in der Bibel suchen.
Bitte öffne mir die Augen dafür. Amen.«

10 August

*»Gebt, was ihr habt,
dann werdet ihr so reich
beschenkt werden,
dass ihr gar nicht alles
aufnehmen könnt.«
Lukas 6,38*

Tipp des Tages

Dir kann nichts fehlen, das Gott dir nicht geben kann.

Manchmal müssen wir **weitergehen, auch ohne unser Wunder zu erleben.** Denn Gott will, dass wir verstehen, dass Wunder auch mal anders geschehen …

Mein Tag

Ziel des Tages

Ich möchte für meine Mitmenschen da sein. Mit einem vertrauensvollen Lächeln in Gottes Güte.

Mein Gebet

»Jesus, ich nehme diese Herausforderung an.
Während ich darauf warte, dass mein Wunder geschieht,
möchte ich weitergeben,
wonach mein Umfeld sich sehnt. Amen.«

Tipp des Tages

Der Gott, der dich sieht, ist der Gott, der dich liebt!

»Den, der mich angeschaut hat, habe ich tatsächlich hier gesehen!«
1. Mose 16,13

11 August

Gott sieht dir nicht einfach dabei zu, wie du dein Leben meisterst, und beurteilt dich dementsprechend. **Er sieht dich – und er liebt dich**, deswegen hört er dich, wenn du traurig bist. So wie es damals bei Hagar der Fall gewesen ist: »Denn der Herr hat gehört, wie du gelitten hast« (1. Mose 16,11).

Mein Tag

Ziel des Tages

Heute komme ich mit meinem Schmerz vor Gott. Weil er mich sieht. Und er mich liebt.

Mein Gebet

»Wie schön, dass ich dir so unendlich wertvoll bin,
dass du mich nicht nur siehst, sondern auch liebst!
So rufe ich auch zu dir, während mir ______________________
auf der Seele lastet. Bitte greife ein! Rette mich! Amen.«

12 August

»Der Dieb kommt, um zu stehlen, zu schlachten und zu vernichten. Ich aber bringe Leben – und dies im Überfluss.«
Johannes 10,10

Tipp des Tages

Glaube immer dem, der dir das Leben gibt – und nicht dem, der es nimmt!

Jeden Tag aufs Neue hast du die Wahl, **WEM du Glauben schenkst**. Dieser Stimme, die dir einreden will, dass du unbegabter bist als andere, oder der, die dir sagt, dass du LEBEN sollst! Mit dem, was DU hast, mit dem, was DU KANNST und WER DU BIST!

Mein Tag

Frage an mich

WAS werde ich heute ÜBER MICH glauben?

Mein Gebet

»Jesus, danke für das Leben,
das du mir geschenkt hast!
Ich will mit dem leben,
was DU mir mitgegeben hast! Amen.«

Tipp des Tages

Zieh dich zurück, um wieder vorwärtszukommen!

»Aber seit ich Christus kenne, ist für mich alles wertlos, was ich früher für so wichtig gehalten habe.«
Philipper 3,7

13 August

Unzufriedenheit ist oft ein Zeichen dafür, dass wir unsere Prioritäten in eine falsche Richtung verschoben haben. Denn wenn **Jesus an erster Stelle** steht, hat die Unzufriedenheit gar keinen Platz in unserem Leben. Wenn jemand oder etwas an erster Stelle steht, dann nehmen wir uns Zeit dafür. Wir ziehen uns zurück und widmen uns nur diesem Menschen oder dieser Sache. Und weil Jesus dir **all das geben kann, was du dir wünschst,** wird dich das »Zurückziehen« zu ihm immer nur »vorwärtsbringen«! Probiere es heute doch einfach aus!

Mein Tag

Frage an mich

Ist mir in letzter Zeit etwas wertvoller und wichtiger geworden als Jesus?

Mein Gebet

»Jesus, führ mich zurück zu dir. Ich will dich jeden Tag aufs Neue an die erste Stelle meines Lebens setzen. Denn nur dann ist mein Herz voller Ruhe, weil es zufrieden ist. Weil es BEI DIR ist. Amen.«

14 August

»Du bist die Quelle – alles Leben strömt aus dir. In deinem Licht sehen wir das wahre Licht.«
Psalm 36,10

Tipp des Tages

Den Sieg erlebst du beim Weitergehen. Und diese Erfahrung kann dir keiner mehr nehmen!

Wartest du darauf, dass dir »ein Licht aufgeht«, während du um etwas in deinem Leben kämpfst? Dieses Licht findest du, wenn du dich bewusst in **sein Licht** stellst.

Mein Tag

Ziel des Tages

Ich möchte meine Gedanken »ins Licht« bringen und nicht »in der Dunkelheit« lassen!

Mein Gebet

»Jesus, hier bin ich – mit aufgeschlagener Bibel – in deinem Licht. Jetzt lass mich bitte sehen, was du für mich willst. Lass mich erleben, wie gut du bist! Amen.«

Tipp des Tages

Wenn Gott etwas verspricht, dann wird es nicht – denn dann ist es etwas, das schon lange ist!

»Für alles auf der Welt hat Gott schon vorher die rechte Zeit bestimmt.«
Prediger 3,11

15
August

Er kennt **die Wünsche deines Herzens.** Stell dir vor, er hat sie sogar dort hineingelegt! Weshalb sollte er sie dir dann nicht erfüllen? Er tut es eben nur **zu seiner Zeit,** nach seinem Plan und durch seine Macht.

Mein Tag

Me Time

Welchen Wunsch möchte ich Gott heute voller Vertrauen abgeben?

Mein Gebet

»Jesus, deine Zeitrechnung soll meine Zeitrechnung werden. Und ich weiß, ich darf darauf vertrauen, dass mein Wunsch schon in deiner Hand ist. Die Erfüllung ist schon real. Jetzt vertraue ich auf deinen richtigen Zeitpunkt, bis ich ihn sehen kann. Amen.«

16

August

*»An dem Tag,
wenn ich mein Urteil
spreche, werden diese
Menschen zu mir gehören.
Ich will sie verschonen,
so wie ein Vater seinen
Sohn verschont,
der zu ihm gehalten hat.«
Maleachi 3,17*

Tipp des Tages

Der Sinn eines jeden Lebens ist, für ihn zu leben!

Zu Gott gehören bedeutet:

1. Ich kämpfe niemals allein.
2. Ich werde geliebt.
3. Ich habe ein Zuhause.
4. Ich bin in Sicherheit.
5. Ich erlebe Vergebung.

Mein Tag

Frage an mich

Glaube ich wirklich an das Leben nach dem Tod? Wenn nein, möchte ich heute mit jemandem darüber reden, der im Glauben weiter ist als ich, um diese Sicherheit zu bekommen.

Mein Gebet

»Jesus, ich glaube an das ewige Leben, das du für mich vorbereitest. Ich warte sehnsüchtig auf den Tag, an dem ich bei dir sein kann. Hilf mir, bis dahin – ohne dich zu sehen – an dem festzuhalten, was du von mir willst, und an dem, wer du für mich bist! Amen.«

Tipp des Tages

Bist du bei Gott DAHEIM, wirst du überall ZU HAUSE sein!

»Ich wohne bei ihnen, ich bin ihr Gott!« Hesekiel 37,27

17 August

Es kommt nicht darauf an, **WO du bist**. Es kommt darauf an, **WER bei dir ist**!

Mein Tag

Me Time

Heute will ich ankommen. Bei mir. Und ihn ankommen lassen. Ebenfalls bei mir. Egal, wo ich bin.

Mein Gebet

»Jesus, ziehe du
in mein Leben ein.
Ich will niemals mehr ohne dich sein.
Amen.«

18
August

»Ich werde dir viel Gutes tun!«
1. Mose 12,2

Tipp des Tages

Hinter dem, was menschlich nicht zu verstehen ist, verbirgt sich oft ein SEGEN, der größer als dein Verstehen ist!

Wie liest du **die Bibel**? Wie ein Buch, das für die Menschen damals sinnvoll war, oder wie **Worte, die Gott persönlich an dich richtet**? Die Art, wie du das Wort Gottes liest, wird darüber entscheiden, wie viel Glaube in deinem Leben lebendig wird!

Mein Tag

Ziel des Tages

Heute lese ich meine Bibel in der Überzeugung, dass jedes Wort darin auch mir gilt.

Mein Gebet

»Jesus, hilf mir, die Lügen, dass du mich beim Bibellesen nicht persönlich meinen könntest, gegen die Wahrheit, dass dein Wort persönlicher nicht sein könnte, einzutauschen. Amen.«

Tipp des Tages

Wenn wir wirklich glauben, werden wir nicht aufhören, über Gottes Möglichkeiten zu staunen!

»Genauso ist mein Wort: Es bleibt nicht ohne Wirkung!«
Jesaja 55,11

19 August

Weil es so wichtig ist, soll dich auch dieser Text heute daran erinnern, dass **sein Wort dir gilt!** Und noch etwas: **SEIN WORT VERÄNDERT DICH** – und deine Situation!

Mein Tag

Frage an mich

Auf einer Skala von 1 (schwach) bis 10 (sehr stark) – wie stark schätze ich meinen Glauben ein?

Mein Gebet

»Ich will mehr von deinem Wort. Mehr von dir. Mehr. Mehr. Mehr. Danke für die Macht deines Wortes. Amen.«

20

August

»Alles ist vergänglich und vergeblich.«
Prediger 1,2

Tipp des Tages

Besitze keine Dinge, die dich besitzen.

Irgendwie ist es doch beruhigend, dass nichts, was wir mit eigenem Geld kaufen können, wirklich wertvoll ist – ganz im Gegensatz zu der **Beziehung zu Jesus, die wir geschenkt bekommen haben und die UNENDLICH WERTVOLL ist** – und die uns in eine unvorstellbar schöne Ewigkeit führt!

Mein Tag

Ziel des Tages

Lass ich mich durch materielle Dinge von der ewigen Realität ablenken?

Mein Gebet

»Jesus, bitte bewahre mich davor, mich an Dinge zu verlieren, die in deinen Augen keine Bedeutung haben. Ich möchte meinen Fokus auf das legen, was EWIGEN BESTAND hat. Amen.«

Tipp des Tages

Stille bedeutet nicht Abwesenheit!

*»Schon bald
werde ich nicht mehr auf
dieser Welt sein
und niemand wird
mich mehr sehen.«
Johannes 14,19*

21 August

Mein Tag

Hast du schon einmal ein Flugzeug ohne Kapitän abfliegen sehen? Nein, sicher nicht! Du weißt, dass dort jemand am Steuer sitzt, auch wenn du den Kapitän weder gesehen noch gehört hast. Genauso ist es mit Gott. **Er ist HEUTE da**. Auch wenn du ihn weder sehen und vielleicht auch nicht hören kannst. Er sitzt immer noch **am Steuer deines Lebens!**

Ziel des Tages

Ich möchte mich voller Vertrauen in diesen Tag begeben – mich in dieses Flugzeug setzen –, weil ich weiß, dass ich mit Jesus sicher landen werde.

Mein Gebet

»Oh, danke, Jesus,
für diese Erinnerung!
Danke, dass du da bist!
Amen.«

22

August

»Herr, ich kannte dich nur vom Hörensagen, jetzt aber habe ich dich mit eigenen Augen gesehen!«
Hiob 42,5

Tipp des Tages

Du kannst »eigene Wunder« erleben, wenn du damit anfängst, »eigene Gebete« zu beten.

Bist du schon einmal für etwas beschuldigt worden, das du gar nicht verbrochen hast? Dann sei nicht enttäuscht, denn darin verbirgt sich **eine WUNDERvolle Gelegenheit**, dein Anliegen vor Gott zu bringen und zu erleben, wie ER für Gerechtigkeit sorgt. Und dadurch darfst du dein »eigenes Wunder« erleben, das deinen Glauben noch einmal stärken wird und dir eine ganz persönliche Begegnung mit Gott ermöglicht.

Mein Tag

Frage an mich

Wen oder was gebe ich heute ab – sodass Jesus für mich kämpfen kann und ich in meinen Gedanken wieder frei bin?

Mein Gebet

»Jesus, das tut jetzt doch ziemlich weh,
denn ich würde gern allen beweisen, dass ich unschuldig bin.
Doch ich gebe es ab und vertraue DIR!
Sorge du bitte für mein Recht. Amen.«

Tipp des Tages

Wenn du bereit bist, wirst du bereit sein!

»Wir haben die ganze Nacht hart gearbeitet ...«
Lukas 5,5

23 August

Wahrscheinlich kennst du die Geschichte der Fischer, die die ganze Nacht auf dem See gewesen waren, doch nichts gefangen hatten. Wie frustrierend musste das gewesen sein! Denn sie waren doch Profis auf dem Gebiet, hatten das richtige Equipment und **waren gut vorbereitet** ... Und genau das war es auch, was es später gebraucht hat. Denn als Jesus ihnen sagte, dass sie noch mal hinausfahren und ihr Netz auswerfen sollen, waren sie bereit – und erlebten dadurch ein Wunder! **Sei auch du bereit** – selbst wenn es im Moment so aussieht, als würde sich deine viele Vorbereitung und Arbeit nicht lohnen. Jesus könnte schon heute das erwartete Wunder bewirken!

Mein Tag

Frage an mich

Könnte ich noch mehr in den Traum investieren, den Gott mir aufs Herz gelegt hat? Könnte ich mich besser vorbereiten?

Mein Gebet

»Jesus, du siehst die viele Arbeit, die ich in meinen Traum investiert habe. Auch wenn ich manchmal Zweifel daran habe, ob sich das alles lohnt, möchte ich darauf vertrauen, dass der Tag kommen wird, an dem ich erkennen werde, dass es alle Mühe wert war. Und bis dahin bleibe ich weiter dran! Amen.«

24

August

»Das alles hat er getan, weil er wollte, dass die Menschen ihn suchen. Sie sollen ihn spüren und finden können! Und wirklich, er ist jedem von uns ja so nahe! Durch ihn allein leben und handeln wir, ja, ihm verdanken wir alles, was wir sind!«
Apostelgeschichte 17,27–28

Tipp des Tages

Er ist dir JETZT nah.
Nimm ihn
MIT JEDEM ATEMZUG
bewusst wahr.

So wichtig, so wertvoll ist dieser Gedanke, dass diese **Erinnerung** heute noch einmal sein muss: **Gott ist dir nahe,** weil er dir schon immer nahe sein will. Deswegen hat er den Wunsch nach seiner Nähe auch in dich gelegt! Begib dich auf die Suche nach ihm – und entdecke deinen dich liebenden Vater.

Mein Tag

Me Time

Ich lege heute eine Verschnaufpause ein. Und während ich verschnaufe, mache ich mir bewusst, dass ER MIR NAHE IST.

Mein Gebet

»Ich sehne mich nach dir.
Jesus, ich will dir heute nahe sein.
Begegne mir auf meiner Suche nach dir.
Amen.«

Tipp des Tages

Wer kämpft, könnte auch gewinnen.

»So wandern sie mit stets neuer Kraft.«
Psalm 84,8

25 August

Es gibt diese **besondere Kraft,** die du nur erlebst, **wenn du weitergehst.** Eine Kraft, die denen zusteht, die nicht aufgeben, wenn der Wind auch mal gegen sie weht.

Mein Tag

Frage an dich:

Wo entscheide ich mich, heute weiterzukämpfen, obwohl ich lieber aufgeben würde?

Mein Gebet

»Jesus, ich will kämpfen.
Und dabei vertraue ich auf die Kraft,
die du mir Tag für Tag neu zusprichst. Danke dafür!
Ich liebe dich! Amen.«

26 August

»Darum will ich vor allem auf meine Schwachheit stolz sein. Dann nämlich erweist sich die Kraft Christi an mir.«
2. Korinther 12,9

Tipp des Tages

Gott gebraucht oft das, was uns als »schwach« erscheint, damit unser Herz ganz bei ihm bleibt!

Hast du dir schon einmal überlegt, dass es viel cooler sein könnte zu erleben, **wie Gott deine Schwachheit gebraucht,** als wenn er das gebrauchen würde, was du ohnehin gut kannst?

Mein Tag

Frage an mich

Was ist meine »Schwäche«? Wo habe ich schon einmal erlebt, wie Gott genau durch diese »Schwachstelle« gewirkt hat?

Mein Gebet

»Jesus, deine Wege sind wirklich besonders. Besonders spannend. Und ja, es macht mich stolz zu sehen, welche Kraft du immer wieder durch mich zeigst! Deine Kraft. Nicht meine. Ich preise dich dafür! Amen.«

Tipp des Tages

Sei das Wunder,
auf das
andere warten.

*»[…] er kümmert sich
liebevoll um alle,
die ihm treu bleiben.
Tag für Tag
sorgt er für sie.«
Psalm 37,18*

27 August

Mein Tag

Noch etwas WUNDERvolles hat das Leben mit Gott: Du musst nicht erst dein Wunder erlebt haben, bevor du ein Wunder für andere sein kannst! Denn die Menschen um dich herum werden den Glauben be**WUNDER**n, den du hast, **während du auf dein Wunder wartest!**

Ziel des Tages

Ich möchte Gott heute einfach beWUNDERn!

Mein Gebet

»Danke für deine Liebe, Jesus. Ich will ein Wunder sein, während ich noch darauf warte.
Danke, dass du dich auch auf dem Weg zu meinem Ziel so liebevoll um mich kümmerst. Amen.«

28 August

»Wenn du keinen Ausweg mehr siehst, dann rufe mich zu Hilfe! Ich will dich retten und du sollst mich preisen.«
Psalm 50,15

Tipp des Tages

Gott ist jederzeit für dich da! Ist dir das auch 100-prozentig klar?

Du weißt, dass es Krankenhäuser gibt, und du weißt, dass diese dir im Notfall einen Rettungswagen schicken. Hierzu musst du nur eine **Nummer wählen** und auf die **Anweisungen achten**. Genauso darfst du wissen, dass es Gott gibt und dass er dir jederzeit Hilfe schicken kann. Auch hierzu musst du nur bei ihm **anrufen** und **auf seine Anweisungen achten**. Ja, jederzeit kannst du Psalm 50,15 anwenden und **Gott um Hilfe bitten**. Und nimm seine Antwort ernst, denn sie rettet Leben!

Mein Tag

Ziel des Tages

Ich will nicht länger alles allein schaffen müssen. Ich will mir Hilfe holen.

Mein Gebet

»SOS, Jesus, ich rufe zu dir.
Bitte hilf mir bei ____________________
und zeig mir, was zu tun ist.
Amen!«

Tipp des Tages

Und wenn du auch mal fällst, dann sei nicht so hart mit dir selbst.

»Als Petrus aber die hohen Wellen sah, erschrak er, und im selben Augenblick begann er zu sinken. ›Herr, hilf mir!‹, schrie er.«
Matthäus 14,30

29 August

Sei nicht so hart mit dir selbst! Hast du schon einmal darüber nachgedacht, dass es manche Fehler braucht, um sie später nicht noch einmal zu machen? Ganz sicher wäre Petrus kein zweites Mal zweifelnd über das Wasser zu Jesus gelaufen und untergegangen. Wer weiß, vielleicht hat er diese Chance ja noch bekommen und ist beim nächsten Mal **voller Vertrauen** über das Wasser zu Jesus getanzt? Dein Fehler bedeutet nicht gleich das Aus, solange du die nächste Möglichkeit nutzt, es besser zu machen.

Mein Tag

Frage an mich

Aus welchem meiner Fehler kann ich lernen?

Mein Gebet

»Jesus, hilf mir, gnädig mit mir selbst zu sein. Danke, dass du es bist! Und hilf mir bitte, eine Chance in meinen begangenen Fehlern zu entdecken und sie nicht mehr zu wiederholen. Amen.«

30
August

»Du bist es ja auch, der meinen Körper und meine Seele erschaffen hat, kunstvoll hast du mich gebildet im Leib meiner Mutter. Ich danke dir dafür, dass ich so wunderbar erschaffen bin!«
Psalm 139,13–14

Tipp des Tages

Du musst wissen, wie wertvoll du bist, um zu tun, was gut für dich ist!

Ein so bekannter Vers. Doch kennen auch die Menschen diesen Vers, mit denen du Zeit verbringst? Sehen sie anhand deines **Umgangs mit dir und deinem Körper,** dass du glaubst und lebst, was in diesem Vers steht?

Mein Tag

Frage an mich

Glaube ich, was in diesem Vers steht? Und wie zeigt sich das in meinem Leben?

Mein Gebet

»Vater, du hast mich erschaffen. Allein dieser Satz beinhaltet so viel, was mich staunen lässt! Und ich möchte versuchen, das wirklich zu begreifen, um mich und meinen Körper so zu behandeln, wie DU es willst! Hilf mir bitte dabei, Amen.«

Tipp des Tages

Wenn du wartest,
bis du kannst,
hast du die
wundervollen
Momente oft schon
verpasst.

*»Kommt her [...]
Auch, wer kein Geld hat,
kann kommen!«
Jesaja 55,1*

31 August

Worauf wartest du? **HEUTE ist der Tag**, an dem du es tun kannst! Was auch immer es ist, heute kannst du etwas Neues beginnen – zum Beispiel zu Jesus zu kommen mit dem, was du schon lange auf dem Herzen hast, oder auch einfach diese Bewerbung fertig machen und abschicken, die schon seit Tagen auf deinem Rechner gespeichert ist. **HEUTE IST EIN TAG VOLLER MÖGLICHKEITEN!**

Mein Tag

Ziel des Tages

Ich möchte nicht sehen, was mir fehlt. Ich möchte darauf schauen, was Jesus kann!

Mein Gebet

»Jesus, danke, dass du kannst, was ich nicht kann.
Das ist doch schon mehr als genug, um HEUTE mit
____________________________ loszulegen.
Ja, ich will. Amen.«

Notizen

Tipp des Tages

Glaube nicht, dass Gott nicht für dich ist, nur weil er mit dir nicht immer einer Meinung ist.

»Denn ich allein weiß, was ich mit euch vorhabe.«
Jeremia 29,11

01 September

Was Gott mit dir vorhat, ist nicht nur gut, es ist perfekt. **Einfach das Beste für dich**! Punkt. Er schenkt dir durch seine große Liebe so viele Möglichkeiten zur Selbstverwirklichung, damit das Potenzial, das er in dich gelegt hat, entfaltet werden kann. Doch manchmal muss er auch einlenken, wenn du dich in eine falsche Richtung bewegst. Und dann darfst du wissen: Er tut es immer nur, **weil er etwas viel WUNDERvolleres mit dir vorhat!**

Mein Tag

Ziel des Tages

Bei einem leckeren Kaffee möchte ich heute einfach in Ruhe darüber nachdenken, wie gut Gott zu mir ist – und mich daran erinnern, wie gut es manchmal gewesen ist, dass er etwas anderes als ich mit mir vorhatte.

Mein Gebet

»Wie kannst du mich nur so lieben, Jesus? Du hast immer nur das Beste für mich im Sinn – das kenne ich aus den Beziehungen dieser Welt gar nicht! Ich liebe dich und will auf dich hören, wenn du in meinem Leben einlenkst. Amen.«

02
September

»Du bist mein Herr,
mein ganzes Glück!«
Psalm 16,2

Tipp des Tages

Jeder schlechte Tag
hat auch
so viel Gutes!

Wenn du die Bedeutung des Wortes »ganz« im Duden nachschlägst, kommst du auf die wundervollen Wörter »alles ohne Rest, ohne Ausnahme, gesamt, vollständig, ungeteilt«!
Gott ist dein GANZES Glück!
Du musst also an keinem anderen Ort mehr danach suchen.

Mein Tag

Frage an mich

Wo suche ich noch unabhängig von Jesus nach Glück?

Mein Gebet

»Du bist alles, was ich brauche! Ich lese es,
ich glaube es, bitte hilf mir, das in meinem Alltag
auch so zu leben, Jesus.
Du bist wirklich alles, was ich brauche. Amen.«

Tipp des Tages

Du kannst deine Einstellung richtig einstellen.

»Überlass alle deine Sorgen dem Herrn! Er wird dich wieder aufrichten; niemals lässt er den scheitern, der treu zu ihm steht.«
Psalm 55,23

03 September

Wenn du mit einem sorgenvollen Gemüt aufwachst, hast du zwei Optionen: Du gibst dich diesen Sorgen hin oder du erinnerst dich selbst an den, der dir diese Sorgen abnehmen möchte. Es heißt doch so schön: »Es ist eine Einstellungssache«, also kannst du auch deine Einstellung neu einstellen und dir dadurch den Alltag erleichtern!

Mein Tag

Frage an mich

Brauche ich gerade eventuell eine »Neueinstellung«?

Mein Gebet

»Jesus, es erscheint mir schon fast normal, mich den Sorgen hinzugeben. Ich möchte aber an genau dieser »Falscheinstellung« arbeiten und mich selbst an die Wahrheit erinnern: dass du mir meine Sorgen abnehmen möchtest. Danke dafür! Amen.«

04
September

»Ich setze meine ganze Hoffnung auf den Herrn; voller Sehnsucht warte ich darauf, dass er zu mir spricht. Ja, ich warte auf den Herrn, mehr als die Wächter auf den Morgen.«
Psalm 130,5–6

Tipp des Tages

Besser einmal länger warten, als noch einmal von vorne starten.

Es wäre sehr gefährlich, wenn ein Wächter nicht auf den Morgen warten, sondern seinen Dienst frühzeitig beenden würde. Denn er würde dadurch alle in Gefahr bringen! So ist es auch bei dir. Meist ist es **sicherer zu warten**, als frühzeitig etwas anzugehen, von dem du eigentlich weißt, dass die Zeit dafür noch nicht reif ist.

Mein Tag

Frage an mich

Habe ich schon einmal verfrüht eine Entscheidung getroffen – und sie dann bereut? In welchem Bereich ist das Thema »Warten« bei mir gerade aktuell?

Mein Gebet

»Jesus, hilf mir bitte auch in diesem Fall, immer auf deine Stimme zu hören, um zur richtigen Zeit zu handeln. Amen.«

Tipp des Tages

Jesus hat alles getan, um bei dir zu sein. Sei nicht zu beschäftigt, um deinen Alltag mit ihm zu teilen.

»Denn der Herr ist gut zu dem, der ihm vertraut und ihn von ganzem Herzen sucht.«
Klagelieder 3,25

05 September

So oft fragen wir uns: »Wo bist du, Gott?« Doch **wo bist du** eigentlich? Bist du dort, wo du sein solltest? Oder bist du immer noch auf der Suche nach einer – vielleicht doch anderen – Wahrheit und lässt dadurch die Tür offen für das, was dich von Gott ablenkt?

Mein Tag

Frage an mich

Suche ich Gott wirklich? Und wie sieht das bei mir konkret aus?

Mein Gebet

»Jesus, ich möchte keine Distanz zwischen uns zulassen. Ich weiß, mein Leben könnte und sollte besser aussehen. Hilf mir bitte, dir ganz zu vertrauen und keine Tür für die Zweifel offen zu lassen. Amen.«

06
September

*»Wer Gott liebt,
dem dient alles, was
geschieht, zum Guten.«
Römer 8,28*

Tipp des Tages

Du kannst es nicht verstehen, doch Gott kann es schon ganz klar sehen!

Kennst du das, wenn du etwas vorhast und plötzlich alles schiefläuft? Doch wer sagt denn, dass es schiefläuft? Das sind wir selbst. Aus **Gottes Perspektive** sehen die Dinge völlig anders aus. Deswegen darfst du auch heute darauf vertrauen, dass alles zu deinem Besten dient… und **dich über den Tag freuen!**

Mein Tag

Frage an mich

Worüber freue ich mich heute?

Mein Gebet

»Jesus, ich vertraue dir diesen Tag an. Auch wenn er völlig anders laufen sollte als geplant. Dann will ich mich dennoch freuen, weil du siehst, was ich noch nicht sehen kann. Amen.«

Tipp des Tages

Gott liebt die Gerechtigkeit und deswegen greift er ein – ZU SEINER ZEIT!

»Gott ist ein gerechter Richter, ein Gott, der täglich die Schuldigen zur Rechenschaft zieht.«
Psalm 7,12; NGÜ

07 September

Es tut weh, im Recht zu sein und dennoch von anderen verurteilt zu werden. Jeder wird das einmal erlebt haben. Wichtig ist, gerade dann die **Wahrheit laut auszusprechen** und sie zu proklamieren! Proklamieren bedeutet: feierlich verkündigen. Ja, du darfst, während du durch einen Sturm gehst, schon feierlich verkündigen, dass **Gott, dein gerechter Richter**, für dich einstehen wird!

Mein Tag

Ziel des Tages

Ich will loslassen – und »Gott lassen«!

Mein Gebet

»Danke, Jesus, dass du für mein Recht eintrittst.
Und das brauche ich. Und ich möchte davon erzählen, wie gut und gerecht du bist – auch wenn mein Sieg noch nicht sichtbar ist. Ich vertraue dir! Amen.«

08 September

»Auch wenn ich nicht bei euch bleibe, sollt ihr doch Frieden haben.«
Johannes 14,27

Tipp des Tages

Du sollst den Frieden haben, weil Gott verspricht: »Ich werde dich tragen«!

Du sollst Frieden haben. »Sollen« drückt einen Wunsch aus. Wenn dich jemand besucht und du dir wünschst, dass diese Person sich bei dir zu Hause wohlfühlt, dann sagst du schließlich auch: »Du sollst dich wohlfühlen.« Genauso wünscht sich Jesus, dass du Frieden hast. **Du sollst Frieden haben.** Das sind seine Worte. Nimm diesen Frieden an. Denn sein Wunsch bedeutet, dass er alles dafür tun wird, dass du diesen Frieden erlebst!

Ziel des Tages

Ich will heute in dem Frieden leben, in dem ich leben soll!

Mein Tag

Mein Gebet

»Jesus, schenke mir bitte deinen Frieden.
Ich will ihn haben.
Ich brauche ihn für den heutigen Tag.
Danke, dass du ihn mir geben willst! Amen.«

Tipp des Tages

Mach deine Probleme nicht größer, als dein Gott ist.

»Lass dich nicht einschüchtern und hab keine Angst! Denn ich, der Herr, dein Gott, bin bei dir, wohin du auch gehst.«
Josua 1,9

09 September

Es spielt absolut keine Rolle, wie klein oder wie groß dein Problem heute ist. Es ist niemals, wirklich niemals größer als **dein Gott, der für jedes Problem eine Lösung hat**. Schon jetzt.

Mein Tag

Frage an mich

Was könnte ich heute Schönes tun, jetzt, nachdem ich mein Problem abgegeben habe?

Mein Gebet

»Jesus, dann komme ich nur zu gern mit meinem Problem zu dir. Du siehst ____________________. Danke, dass du schon eine Lösung für mich bereithältst. Amen.«

10 September

»Komm, geh mit mir!«
Lukas 5,27

Tipp des Tages

Ein wertvolles Leben wurde dir gegeben, drum lass dir deine Zeit nicht einfach nehmen.

In diesem Bibelvers geht es um Levi, den Zolleinnehmer, der sehr viel Geld hatte, aber dennoch nicht glücklich war. Als er erkannte, dass seine Zeit kostbarer als alles Geld der Welt war und er diese sinnvoll nutzen sollte, um glücklich zu werden, **da ließ er alles hinter sich, folgte Jesus nach – und fand das wahre Glück.**

Mein Tag

Frage an mich

Womit verbringe beziehungsweise vergeude ich zu viel Zeit? Was kann ich daran ändern?

Mein Gebet

»Jesus, es tut mir leid, dass ich mein Zeitmanagement noch nicht im Griff habe. Danke, dass du mir heute die Augen geöffnet hast. Hilf mir bitte, den richtigen Weg zu wählen. Amen.«

Tipp des Tages

Du hast diesen Titel nicht verdient. Er wurde dir geschenkt, weil Gott dich endlos liebt!

»Seht doch, wie groß die Liebe ist, die der Vater uns schenkt! Denn wir dürfen uns nicht nur seine Kinder nennen, sondern wir sind es wirklich!«
1. Johannes 3,1

11 September

Ist es nicht unglaublich, dass Gott möchte, **dass DU den Namen »Kind Gottes«** trägst? Wärst du ihm »nicht gut genug«, hätte er dir dieses Geschenk sicher nicht gemacht. Doch **du bist für ihn so wertvoll**, dass jeder wissen soll: Du gehörst in seine Familie! Du bist SEIN.

Mein Tag

Frage an mich

Trage ich diesen Namen mit Stolz oder gibt es Momente, in denen ich mich schäme, ein Kind Gottes zu sein? Wenn ja, weshalb? Was kann ich daran ändern?

Mein Gebet

»Was für ein Geschenk! Du liebst mich und du nennst mich dein Kind! Ich will diesen Namen in die Welt hinaustragen – nicht weil ich ihn verdient hätte, aber weil er sichtbar macht, wie sehr du mich liebst! Danke! Amen.«

12
September

»Weder Tod noch Leben, weder Engel noch Dämonen, weder Gegenwärtiges noch Zukünftiges noch irgendwelche Gewalten, weder Hohes noch Tiefes oder sonst irgendetwas können uns von der Liebe Gottes trennen, die er uns in Jesus Christus, unserem Herrn, schenkt.«
Römer 8,38–39

Tipp des Tages

Eines ist klar:
Es braucht DEIN JA!

Hochzeiten sind doch wundervoll. Voller Liebe, die in einem großen Versprechen mündet: dem **JAWORT**. Ach, wie schön! Stell dir vor, die Braut würde sagen: »Ich sage Ja, aber nur sonntags von 10–12 Uhr.« Diese Ehe wäre von Anfang an zum Scheitern verurteilt. Es braucht viel mehr als das. Es braucht ein Ja, das rund um die Uhr gilt. Dieses Ja, das unumstößlich ist, hat Gott dir bereits geschenkt. Gibst du ihm heute auch **dein Ja**?

Mein Tag

Frage an mich

Lebe ich wirklich in einer Beziehung mit Jesus? So wie eine gesunde Beziehung aussehen sollte?

Mein Gebet

»Jesus, es ist kaum in Worte zu fassen,
was du mir da für ein JA gegeben hast! Danke, dass ich dir
so viel wert bin! Hier ist mein Herz – mein Ja – mein Alles,
denn auch ich liebe dich! Amen.«

Tipp des Tages

Keine Erfahrung zu haben, bedeutet nicht, keine Ahnung zu haben.

13 September

»Ich habe dich schon gekannt, ehe ich dich im Mutterleib bildete, und ehe du geboren wurdest, habe ich dich erwählt.«
Jeremia 1,4–5

Als Gott Jeremia verriet, dass er einen Propheten aus ihm machen würde, der zu vielen Menschen sprechen wird, war seine erste Reaktion: »Aber ich habe keine Erfahrung« (siehe Jeremia 1,6) Doch Gott wollte nicht seine Erfahrung, er wollte lediglich seine Bereitschaft, sein »JA«. Denn er wusste bereits, was er **IN IHN** gelegt hatte. So wie er weiß, was er **IN DICH** gelegt hat! Und er will **DURCH DICH** Großes bewirken! Bist du bereit?

Mein Tag

Frage an mich

Welche Gabe ahne ich noch zu haben, aber habe bisher nicht glauben können, dass Gott sie wirklich in mich gelegt hat?

Mein Gebet

»Wow, in mir scheint so vieles zu sein, das ich selbst noch nicht entdeckt habe. Was für ein unglaublicher Gedanke! Jesus, bitte erwecke das, was in mir ist, zum Leben – ich will das tun, was du von mir möchtest. Danke, dass du mir so viel zutraust. Amen.«

14
September

»Freut euch!
Alle Menschen sollen
eure Güte und
Freundlichkeit
erfahren!«
Philipper 4,4–5

Tipp des Tages

Dein Lächeln kann Hoffnung verbreiten. Darum sollst du es heute vielen zeigen!

Du hast heute einen Auftrag an diesem neuen, schönen Tag. Und er kann noch schöner werden, wenn du dich von Gott gebrauchen lässt. Wie? Das ist gar nicht schwierig: Lächle doch einfach mal los!

Mein Tag

Ziel des Tages

Ich möchte mindestens drei Menschen mit einem großen Lächeln den Tag versüßen.

Mein Gebet

»Danke, Jesus, dass du mir ein so schönes Gesicht und Lächeln geschenkt hast. Ich will es heute gebrauchen, um Menschen deine Güte und Freundlichkeit zu zeigen. Amen.«

Tipp des Tages

Um mehr zu erleben, musst du dich von deinem Platz bewegen!

»Aber zu dir sage ich, der Herr: Ich will dich wieder gesund machen und deine Wunden heilen [...] ich wende das Schicksal wieder zum Guten [...], dann hört man dort wieder Danklieder und frohes Lachen. Ich lasse mein Volk immer größer werden!«
Jeremia 30,17–19

15 September

Bleib hier nicht stehen, nur weil unerwartet etwas passiert ist, das dich kurz aus der Bahn geworfen hat. Gott kann und will immer noch »das Schicksal wieder zum Guten wenden«. Vielleicht kannst du ihm **jetzt schon Dankeslieder** singen, bis du irgendwann wieder froh lachst?

Mein Tag

Frage an mich

Wo brauche ich heute ein Wunder?

Mein Gebet

»Mein Gott, du kannst alles!
Und weil dem mit 100-prozentiger Sicherheit so ist, werde ich aufstehen, weitergehen und das Wunder sicher erleben! Ich preise dich! Amen.«

16
September

*»Achte auf deine Gedanken
und Gefühle,
denn sie beeinflussen
dein ganzes Leben!«
Sprüche 4,23*

Tipp des Tages

Aufregen kostet Kraft.
Abgeben macht stark.

Hinter diesem Vers folgt kein Satz mehr, der lautet: »Das gilt natürlich nicht in folgenden Situationen __________________.«
Nein, dort steht, dass deine Gedanken und Gefühle dein **GANZES** Leben beeinflussen. Deswegen ist es so wichtig, schnell wieder Ordnung in deine Gedanken und Gefühle zu bringen! Aber wie? Durch deinen **Willen,** das zu tun, und dein **Gebet** um die göttliche Hilfe, die Gott dir zuspricht!

Mein Tag

Frage an mich

Welche Gedanken bringen mich immer wieder zu Fall?

Mein Gebet

»Heute bitte ich dich, Ordnung und Klarheit
in meine Gedanken und Gefühle zu bringen.
Danke, Jesus, dass du deine Wahrheit in mir groß machst und
mich dadurch gelassen durch den Tag bringen wirst. Amen.«

Tipp des Tages

Gib der Versuchung nicht die Macht, die das Vertrauen in Gott dir geben kann!

»So tat er, was Gott verabscheute.«
1. Könige 11,6

17 September

Ein harter Vers. Doch ein so wichtiger Vers, der dich heute davor bewahren soll, in **die Falle der Versuchung** zu tappen, die selbst bei König Salomo zuschnappen konnte. Seine Schwäche waren die Frauen. In diesem Lebensbereich war er am leichtesten in Versuchung zu führen. Und er ging ihr nach. Dadurch verlor er die Macht, die Gott ihm verliehen hatte. Gott hat sie ihm nicht genommen. Er hat sie sich nehmen lassen.

Mein Tag

Frage an mich

Wo stehe ich in Gefahr, einer Versuchung nachzugeben und dadurch das zu gefährden, was Gott mit mir – und durch mich – vorhat?

Mein Gebet

»Jesus, ich bete von Herzen:
Bewahre mich vor der Versuchung! Ich will für dich leben und immer nah an deinem Herzen sein.
Hilf mir bitte dabei. Amen.«

18 September

»Der Herr ist bei euch, solange ihr bei ihm bleibt. Wenn ihr ihn sucht, wird er sich finden lassen.«
2. Chronik 15,2

Tipp des Tages

Du suchst, weil du nicht mich suchst.

Wonach suchst du heute? Nach Frieden? Lösungen? Liebe? Anerkennung? Heilung? Freiheit? Vertrauen? Geborgenheit? Sicherheit? Wertschätzung? Was lässt dir innerlich keine Ruhe? Egal, was es ist, **du kannst deine Suche heute beenden** und bei deinem dich liebenden Vater **ankommen**. Weil er all das für dich bereithält. Suche nach ihm, und du findest, wonach du suchst.

Mein Tag

Frage an mich

Wonach suche ich aktuell?

Mein Gebet

»Jesus, es tut mir leid, dass ich so oft erst ›woanders‹ nach dem suche, was ich gerade brauche. Hilf mir, mit allem immer zuerst zu dir zu kommen. Weil du alles für mich bereithältst. Dafür danke ich dir von Herzen. Amen.«

Tipp des Tages

Jesus wünscht dir ein glückliches Leben – und dafür möchte er dir durch sein Wort alles geben!

»Ja, aber noch glücklicher sind die Menschen, die Gottes Botschaft hören und danach leben.«
Lukas 11,28

19 September

Dieser Bibelvers ist die Antwort, die Jesus einer Frau gibt, die ihm sagte, dass seine Mutter, Maria, wohl die glücklichste Frau sein muss! Doch Jesus will ihr – und dir – damit sagen, dass du unabhängig davon, wo du geboren wurdest, mit wem du verwandt bist und wo du herkommst, glücklich sein kannst, wenn du nach seinem Wort lebst! **ALLE haben die Möglichkeit, glücklich zu werden!** Weil dieses Glück nicht abhängig ist von den Umständen oder deiner ganz persönlichen Situation, sondern von Gottes Segen über deinem Leben! Segen = dem WUNDERvollen, das ihm IMMER möglich ist!

Mein Tag

Frage an mich

Denke ich (unterbewusst), dass ich mit meinen Umständen gar nicht glücklich werden kann? Bin ich bereit, heute mein Denken darüber zu ändern?

Mein Gebet

»Jesus, ich möchte nach deinem Willen leben. Ich weiß, dass du mir die Kraft und Weisheit dazu schenken möchtest. Ich bitte dich heute um deinen Segen über meinem Leben. Lass du das Glück und die Freude in mein Leben hereintreten! Amen.«

20 September

»Dich habe ich erwählt und nicht verstoßen. Fürchte dich nicht, denn ich bin bei dir; hab keine Angst, denn ich bin dein Gott! Ich mache dich stark, ich helfe dir!«
Jesaja 41,9–10

Tipp des Tages

Wenn du deinem Traum deinen Glauben schenkst, wirst du sehen, wie Gott deine Schritte zu dessen Verwirklichung lenkt!

Bist du schon einmal bei **Gegenwind** durch den Regen gelaufen? Das kann ziemlich unangenehm sein. In solchen Momenten ist es sehr hilfreich, **ein Ziel vor Augen** zu haben, um nicht frustriert stehen zu bleiben. Denn mit einem Ziel vor Augen wirst du irgendwann ankommen! Auch heute darfst du **GLAUBEN,** dass Gott ein Ziel für deine aktuelle Situation hat – und dass er **dich stark machen** und dir helfen möchte, um es zu erreichen.

Frage an mich

Wo ist es aktuell wichtig weiterzugehen anstatt aufzugeben?

Mein Tag

Mein Gebet

»Jesus, du sollst das Ziel meines Lebens sein.
So werde ich nicht aufgeben,
sondern immer weitergehen!
Amen.«

Tipp des Tages

Suche nicht den Weg.
Suche IHN.

*»Ich bin der Weg,
ich bin die Wahrheit,
und ich bin das Leben!«
Johannes 14,6*

21 September

So oft suchen wir nach etwas. Von einem verlorenen Autoschlüssel bis hin zu einem Ausweg aus einer hoffnungslosen Situation, die dich tieftraurig macht. Heute möchte Gott dich ermutigen, IHN zu suchen, bevor du nach einem konkreten Weg suchst, der dir aus deiner Misere heraushilft. Weil er selbst der Weg ist. Komm zu Jesus.

Mein Tag

Ziel des Tages

Ich möchte aufhören, »irgendwo« zu suchen, und anfangen, alles bei Jesus zu suchen.

Mein Gebet

»Jesus, ich komme zur Ruhe.
Ich komme zu dir.
Ja, du bist nicht nur der Weg,
du sollst mein Weg sein. Amen.«

22 September

»Der Dieb kommt, um zu stehlen, zu schlachten und zu vernichten. Ich aber bringe Leben – und dies im Überfluss.« Johannes 10,10

Tipp des Tages

Wenn Freude sich stehlen lässt, lässt sie sich auch wieder zurückholen!

So oft sind es tatsächlich nur **Kleinigkeiten**, die uns die Freude im Alltag nehmen wollen. Kopfschmerzen, eine Nachricht, die uns ärgert, oder ein kleiner Kratzer im Auto – und schon sind wir schlecht gelaunt. Doch **lass dir die Freude nicht nehmen beziehungsweise hol sie dir zurück!** Das schaffst du, indem du dir bewusst machst, dass Gott dir immer mehr geben kann als das, was dir diese Kleinigkeiten nehmen wollen.

Mein Tag

Frage an mich

Das Leben ist ein Geschenk, das Gott mir gemacht hat. Freue ich mich genug darüber?

Mein Gebet

»Jesus, ich möchte die Kleinigkeiten Kleinigkeiten sein lassen und mich stattdessen über die wirklich bedeutenden Dinge freuen – zum Beispiel darüber, dass ich lebe, weil DU DAS SO WOLLTEST. Amen!«

Tipp des Tages

Vergiss nicht, glücklich zu sein!

»Ihr seid Gott mehr wert […]!«
Lukas 12,7

23 September

Was gestern war, das ist geschehen und lässt sich nicht mehr ändern. Doch es muss nicht die Realität sein, in der du heute lebst. Du darfst das Vergangene loslassen und diese **unbegreifliche Liebe Gottes** annehmen, die dir einen Neuanfang schenken will. Öffne dein Herz für diese Wahrheit und lass dich **frei machen und gesundlieben**! Du bist definitiv nicht das, was dir passiert ist, weil du etwas wert bist!

Mein Tag

Frage an mich

Was ist denn »gestern« passiert? Wovon möchte ich FREI und GESUND werden?

Mein Gebet

»Jesus, du siehst, was war. Und dennoch sagst du, dass du mich liebst. Nicht nur ein bisschen, sondern mit einer Liebe, die mein Denken übersteigt. Ich will diese Liebe! Lass sie mich frei und gesund machen, bitte! Amen.«

24 September

*»Ihr dürft Gott
um alles bitten.
Sagt ihm, was euch fehlt,
und dankt ihm!«
Philipper 4,6*

Tipp des Tages

Je mehr dich etwas verletzt, desto wichtiger ist deine Verbindung in das göttliche Netz!

Wir Menschen sind so leicht verletzbar. Und alte **Verletzungen sind gefährlich für unsere Zukunft**, weil sie uns und anderen schaden können. Nicht umsonst heißt es: Verletzte Menschen verletzen Menschen. Verletzungen sind für uns manchmal wie ein K.-o.-Schlag. **Doch wenn wir mit ihnen zu Gott gehen**, wird er unsere Wunden heilen. Und nicht nur das: Er wird uns **das Wunder in unserer Wunde** entdecken lassen!

Frage an mich

Welche Verletzung möchte ich heute Gott abgeben?

Mein Tag

Mein Gebet

»Jesus, im Moment fehlt mir Liebe. Ich bin so verletzt worden, dass ich das Gefühl habe, keinen Menschen mehr an mich heranlassen zu können. Ich bitte dich um Heilung. Und ich weiß, dass ich sie in deiner Nähe finden werde. Amen.«

Tipp des Tages

Leb nicht nur dahin, sondern sag dir: »Da will ich mit meinem Leben hin!«

*»Und nun mach dich auf,
geh zu ihnen und
verkünde ihnen alles,
was ich dir auftrage.
Fürchte dich nicht
vor ihnen.
Ich mache dich stark!«
Jeremia 1,17–18*

25 September

Was würdest du gern erreichen? Was würdest du gern tun? Gott liebt es, wenn du deine **Träume laut aussprichst** – im Gebet –, und er freut sich, dir dafür die Kraft und nötige Hilfe zu geben. Bitte ihn darum!

Mein Tag

Frage an mich

Wo will ich mit meinem Leben hin?

Mein Gebet

»Danke für die Träume,
die du mir aufs Herz gelegt hast!
Ich möchte sie wirklich leben! Und deshalb bitte ich dich
um deinen Segen! Amen.«

26 September

»[...] hab keine Angst,
auch wenn du schwach bist
und völlig hilflos.
Ich helfe dir!«
Jesaja 41,14

Tipp des Tages

Wenn du die Wahrheit aussprichst, die Menschen Freiheit bringt, wird auch er immer stärker: der Gegenwind!

Weißt du eigentlich, dass es völlig normal ist, dass plötzlich alles schwierig wird, sobald du dich **um das Gute, das Wahre** und **das, was Gott von dir** will, bemühst? Sieh es als **Bestätigung** dafür, dass du auf dem **richtigen Weg** bist. Denn der Teufel würde dich nicht ausbremsen wollen, wenn du ihm nicht gefährlich in die Quere kommen würdest!

Mein Tag

Frage an mich

Ich will mich darüber freuen, dass das, was ich tue, wirklich einen Unterschied macht.

Mein Gebet

»Jesus, ich liebe dich. Und ich diene dir so gern!
Mach mich stark, um auch im Gegenwind weiterzumachen.
Danke, dass ich für die gute Sache kämpfen darf.
Amen.«

Tipp des Tages

Er ist da – nimmst du seine Nähe auch bewusst wahr?

»Sie sollen ihn spüren und finden können! Und wirklich, er ist jedem von uns ja so nahe!« Apostelgeschichte 17,27

27 September

Und jetzt einmal kräftig strecken! **Spürst du das?** Spürst du deinen Körper? Du lebst! Jetzt geh auf die Knie und bete. Spürst du seine Nähe? Das geht – **weil ER LEBT**!

Mein Tag

Ziel des Tages

Tue ich ganz bewusst etwas, um Jesu Nähe zu spüren?

Mein Gebet

»Jesus, ich will deine Nähe bewusst wahrnehmen.
Ich will nicht immer nur sagen: ›Aber ich spüre dich gar nicht.‹
Ich will dich suchen, weil du dich finden lässt.
Das glaube ich. Amen.«

28
September

»So wie ihr von den Menschen behandelt werden möchtet, so behandelt sie auch.«
Matthäus 7,12

Tipp des Tages

Liebe deinen Nächsten, wenn du dir wünschst, dass dein Nächster dich liebt!

Wäre es nicht schön, wenn jeder Mensch, dem du heute begegnest, dich **lieben und akzeptieren** würde, so wie du bist? Klingt großartig, nicht wahr? Der Punkt ist, dass DU damit beginnen kannst – und musst, wenn du das andersherum auch erleben möchtest.

Mein Tag

Frage an mich

Bin ich wirklich bereit, ab heute NOCH MEHR zu lieben?

Mein Gebet

»Jesus, ich möchte meine Nächsten lieben. Hilf mir bitte, ihnen mit der Liebe zu begegnen, die ich mir selbst von ihnen wünsche. Amen.«

Tipp des Tages

Vergiss nicht,
was Gott verspricht,
wenn der Weg auch
einmal schwierig ist!

*»Er ist treu,
und was er verspricht,
das hält er auch.«
1. Thessalonicher 5,24*

29 September

So ist er, unser großartiger Gott, der es liebt, wenn du seine Nähe suchst! Wahrscheinlich rennst du schneller zu ihm, wenn es grad nicht so gut läuft bei dir. Doch noch **spannender ist es, die Beziehung zu ihm schon vorher zu intensivieren.** Denn dann wird es dir später leichter fallen zu glauben, dass er sein Wort wirklich hält. Und das tut er zu 100 Prozent.

Mein Tag

Frage an mich

Habe ich eine On-/Off-Beziehung mit Jesus oder ist sie wirklich stabil?

Mein Gebet

»Jesus, ich will mit dir leben!
An jedem einzelnen Tag meines Lebens.
Du bist der Einzige, dem ich zu 100 Prozent vertrauen kann.
Dafür danke ich dir von Herzen! Amen.«

30 September

*»Wenn du wüsstest,
was Gott
dir geben will [...]!«
Johannes 4,10*

Tipp des Tages

Hoffe mehr als das,
was du hoffst!

Was hoffst du für heute? »Hoffentlich ist bald Abend und der Arbeitstag vorbei.« Hoffentlich kann ich heute eine Person ermutigen!« oder »Hoffentlich klappt mein Vortrag«. Das alles sind gute, »berechtigte Hoffnungen«. Aber was, wenn Gott dir noch **VIEL MEHR** geben will als das? Geh heute mit der **Erwartungshaltung** in den Tag, dass Gott dir mehr geben kann und will, als du dir erhoffen kannst!

Mein Tag

Frage an mich

Was würde ich hoffen, wenn ich mehr hoffen würde, als ich es aktuell tue?

Mein Gebet

»Jesus, du bist meine Hoffnung!
Und deswegen will ich stärker hoffen
als je zuvor. Amen.«

Tipp des Tages

Ändere dein Reden und du wirst deinen Traum erleben!

»Ich will Frucht der Lippen schaffen, die da predigen: Friede, Friede denen in der Ferne und denen in der Nähe, spricht der Herr, und ich will sie heilen.«
Jesaja 57,19; LU

01 Oktober

Schaffen bedeutet auch: **Herstellen**. Gott will das herstellen, was über deine Lippen kommt. **Er** will **dem Leben schenken,** was über deine Lippen kommt. Deswegen ist es so wichtig, darauf zu achten, was du sagst!

Mein Tag

Frage an mich

Wie rede ich momentan über mich selbst? Wie rede ich über andere? Wie rede ich über meinen Traum?

Mein Gebet

»Jesus, hilf mir bitte, gut über andere, mich selbst und auch meinen Traum zu sprechen. Das will ich lernen. Insbesondere jetzt, nachdem ich weiß, dass du meinen Worten Leben schenken möchtest. Amen!«

02
Oktober

*»Prüft alles
und behaltet das Gute.«
1. Thessalonicher 5,21*

Tipp des Tages

Deine Augen sollen auf das Gute sehen, um glücklicher durch den Tag zu gehen!

Es heißt in dem Vers nicht: »Prüft alles und beschwert euch über das Schlechte.« Gott möchte dich heute liebevoll anstupsen und dir sagen, wie wichtig es ist, dass du dich auf **das Gute, das Wertvolle, das Richtige und das Schöne** konzentrierst, denn nur das wird dich mit Freude erfüllen und weiterbringen!

Mein Tag

Frage an mich

Tendiere ich dazu, mich eher von dem Guten oder dem Schlechten beeinflussen zu lassen?

Mein Gebet

»Jesus, schenk mir Augen, die das Böse meiden und das Gute sehen. Amen.«

Tipp des Tages

Entscheide dich immer für das Beten, wenn dir deine Gedanken im Wege stehen.

»Jedes Kind Gottes kann den Sieg erringen über alles, was sich in dieser Welt Gott widersetzt.«
1. Johannes 5,4

03 Oktober

Widersetzen bedeutet laut Wörterbuch: »Jemandes Anordnung nicht befolgen.« Vielleicht hast du dir selbst angeordnet: »Ich will nicht mehr schlecht über mich selbst denken«, doch es scheint einfach nicht zu funktionieren. Das sind Gedanken, von denen auch Gott nicht möchte, dass du sie über dich selbst hast. Um den **Sieg über diese Gedanken** zu erringen, darfst und musst du dich an den klammern, der diesen Sieg schon in der Tasche hat: Jesus! Bete, schreie zu ihm, wenn dir deine eigenen Gedanken wieder einen Strich durch die Rechnung machen möchten!

Mein Tag

Ziel des Tages

Ich möchte auf negative Gedanken sofort mit Gebet reagieren.

Mein Gebet

»Jesus, ich schreie zu dir!
Schenke mir bitte den Sieg über diese Gedanken,
die mir immer wieder das Leben schwermachen!
Danke, dass ich durch dich überwinden kann! Amen.«

04
Oktober

»Herr, zeige mir deine Wege und lehre mich, auf deinen Pfaden zu gehen. Führe mich […]!«
Psalm 25,4–5

Tipp des Tages

Lass dich von ihm leiten, um in Sicherheit zu bleiben!

Dir wurde ein **wertschätzendes Geschenk** gemacht: **Freiheit!** Somit stehst du jeden Tag vor verschiedenen Möglichkeiten und **hast immer DIE WAHL**. Manche Möglichkeiten werden Gott ehren, andere lenken dich eher von ihm ab und bedeuten schlimmstenfalls eine Gefahr für dich. Eine **lebensverändernde Entscheidung**, die du heute treffen kannst, ist, Gott zu bitten, dich immer zu führen. Auf ALL deinen Wegen.

Frage an mich

Wo bin ich aktuell auf Abwegen und muss dringend wieder umkehren?

Mein Tag

Mein Gebet

»Jesus, bitte führe mich. Du allein!
Ich will unter deinem Schutz, in deiner Sicherheit bleiben.
Ich brauche deine Nähe.
Amen.«

Tipp des Tages

Auch an diesen bedrückenden Tagen will Gott deine Lasten für dich tragen!

»Kommt alle her zu mir, die ihr euch abmüht und unter eurer Last leidet! Ich WERDE euch Ruhe geben.«
Matthäus 11,28

05 Oktober

Wieso grübelst und grübelst du? Hat es dich jemals weitergebracht? Wahrscheinlich nicht… **Jesus lädt dich heute ein**, zu ihm zu kommen und deine Last loszuwerden. Und weißt du was: **Er will dir Ruhe schenken**. Einfach so. Weil du ihm so wertvoll bist!

Mein Tag

Ziel des Tages

Ich möchte nicht mehr an das denken, was mich beLASTet, weil es jetzt in Gottes Hand ist!

Mein Gebet

»Jesus, ich gebe dir meine Last ab. Es stimmt, dass ich sie oft viel zu lange selbst tragen will. Bitte schenk mir mehr Glauben in deine Möglichkeiten. Lass mich erleben, wie die Ruhe wieder in meinem Leben einkehrt. Amen.«

06 Oktober

»Allmächtiger Gott, du siehst doch mein Elend. Wenn du Erbarmen mit mir hast und mich nicht vergisst, sondern mir einen Sohn schenkst, will ich ihn dir zurückgeben. Sein ganzes Leben soll dann dir, Herr, gehören.«
1. Samuel 1,10–11

Tipp des Tages

Willst du nur den Erfolg erleben oder wünschst du dir, dadurch Gottes Liebe weiterzugeben?

Hanna, die Frau von Elkana, die diese Worte sprach, hatte einen großen Traum. Sie wünschte sich einen Sohn. Und **Gott erfüllte ihr diesen Wunsch!** Und Hanna hielt ihr Wort. Ihr Sohn diente im Hause Gottes. Was würdest du machen, wenn Gott deinen größten Traum erfüllen würde? **Wärst du ebenso bereit**, ihn danach wieder Gott zu Verfügung zu stellen?

Mein Tag

Frage an mich

Wie könnte ich meinen Traum

____________________,

wenn er heute wahr werden würde, für Gott einsetzen?

Mein Gebet

»Jesus, ich habe viele Träume, und natürlich wünsche ich mir, dass sie wahr werden. Ich entscheide mich heute dafür, dass ich sie dann einsetzen werde, um dir zu dienen – nicht mir! Amen.«

Tipp des Tages

Gott weiß,
was er tut, und er
findet es gut!

»Dann betrachtete Gott alles, was er geschaffen hatte, und es war sehr gut!«
1. Mose 1,31

07
Oktober

Gott hatte von Anfang an – ab der ersten Seite der Bibel und schon lange davor – einen guten Plan. Auch mit deinem Leben. Und nachdem er dich erschaffen hatte, sagte er: »Sie/er ist sehr gut!« Stell dir vor, **Gott findet dich sehr gut!**

Mein Tag

Ziel des Tages

Auch ich will mich ansehen und sagen: »Das hat Gott sehr gut gemacht!«

Mein Gebet

»Jesus, es tut mir leid, dass ich oft nur sehe,
was ich nicht so gut an mir finde. Bitte schenk mir,
mich selbst durch deine Augen sehen zu können.
Mich zu lieben, wie du es tust. Amen.«

08
Oktober

»Wen Gott nämlich auserwählt hat, der ist nach seinem Willen auch dazu bestimmt, seinem Sohn ähnlich zu werden.«
Römer 8,29

Tipp des Tages

Wenn wir nur das tun, womit wir vertraut sind, könnten wir das verpassen, wozu wir geboren sind.

Du bist zu so viel mehr bestimmt! Zu so viel mehr als zu dem, was du heute siehst. Du bist auserwählt! Und Gott will zu deinem Herzen sprechen. Sein Wort ist nicht da, um dich nur ein bisschen zu unterhalten. Er möchte vielmehr dadurch zu dir sprechen, **damit du seinem Sohn Jesus immer ähnlicher wirst** und erkennen kannst, was dein Auftrag ist.

Mein Tag

Me Time

Heute vertiefe ich mich mit einem offenen Herzen in SEIN WORT.

Mein Gebet

»Vater, hilf mir zu erkennen,
was dein Wille ist!
Sprich bitte zu meinem Herzen,
damit ich ihn klar erkennen kann. Amen.«

Tipp des Tages

Gottes Segen kann dir so viel geben, dass andere es nicht mehr verstehen!

»Er gebe dir, was du von Herzen wünschst, was du dir vorgenommen hast, lasse er gelingen!«
Psalm 20,5

09
Oktober

Gott ist so gut, dass er nicht aufhören kann, dir Gutes zu tun. Selbst wenn du glaubst, es nicht verdient zu haben oder nicht genug zu sein. Genau dann kommt er **mit seiner WUNDERvollen Liebe** ins Spiel und überwältigt nicht nur dich damit, sondern auch die Menschen in deinem Umfeld, die den großen Segen sehen und dadurch erkennen: **Gott ist mit ihm/ihr!**

Mein Tag

Frage an mich

Wann hat Gott mich schon überraschend gesegnet?

Mein Gebet

»Jesus, bitte schütte deinen Segen über meinem Leben aus! Ich habe es nicht verdient, nein. Doch ich weiß, dass du gut bist. Mehr als gut! Und du liebst mich, darum bitte ich dich um diesen Segen. Ich liebe dich. Amen.«

10 Oktober

»Er öffne euch die Augen, damit ihr seht, wozu ihr berufen seid.«
Epheser 1,18

Tipp des Tages

Lass deine Gabe nicht untergehen, nur weil du nicht genügend Glauben hast, Gott durch sie wirken zu sehen!

Kennst du diese Zweifel: »Kann es wirklich sein, dass ICH eine besondere Gabe habe?« Und statt voranzugehen und dazuzulernen, stehst du dir selbst im Weg und verpasst, deine Gabe zum Leuchten zu bringen. Kennst du das? Wenn ja, dann darfst du dich freuen! Wieso? **Weil du das heute ändern kannst!**

Frage an mich

Welche Gabe hat Gott mir mitgegeben?
(Schreibe sie – ohne zu zweifeln – hier auf!)

____

Mein Tag

Mein Gebet

»Jesus, ich bin ein/e Zweifler/in, doch ab heute will ich glauben, dass das, was du in mich gelegt hast, GENUG ist. Danke für die Gabe, die du mir geschenkt hast und für das, was ich damit noch erleben werde! Voller Glauben, dein/e ___________. Danke,

Tipp des Tages

Auch du wirst Liebe erleben, wenn du damit anfängst, Liebe erst einmal SELBST ZU VERGEBEN.

»Wenn jemand deine Unterstützung braucht und du ihm helfen kannst, dann weigere dich nicht.«
Sprüche 3,27

11 Oktober

Wie beginnt eine Konversation meistens? Natürlich mit einem »Wie geht es dir?«. Doch **hörst du wirklich zu,** wenn dir darauf geantwortet wird? Oder hoffst du insgeheim, dass dein Gegenüber erst einmal DIR zuhört? Du hast die Möglichkeit, heute allein durch dein aufmerksames Zuhören einen Menschen glücklich zu machen und ihm deine Bereitschaft zur Unterstützung zu zeigen.

Mein Tag

Ziel des Tages

Ich möchte heute ganz genau hinhören, wenn ich mich mit Menschen unterhalte.

Mein Gebet

»Danke, Jesus, dass du immer ein offenes Ohr für mich hast. Dieses offene Ohr möchte ich heute auch haben. Bitte schenke mir die richtigen und ermutigenden Antworten für die Menschen, denen ich heute zuhören werde. Amen.«

12
Oktober

»Das Gute haben wir von Gott angenommen, sollten wir dann nicht auch das Unheil annehmen?« Hiob 2,10

Tipp des Tages

Meist fällt es schwer, doch vertraue Gott immer mehr!

Wie reagierst du auf große Enttäuschungen? Du musst wissen, dass deine Reaktion darauf sehr wichtig ist. **Lass dich nicht von der Stimme verunsichern,** die dich noch weiter herunterziehen möchte. Es könnte sogar sein, dass Gott drastisch in dein Leben eingreifen musste, um dich vor Schlimmerem zu bewahren. Wieder einmal gilt deshalb: **VERTRAUE!** Trotzdem.

Mein Tag

Frage an mich

Wieso sollte Gott mir hier nicht heraushelfen?

Mein Gebet

»Puh, das fällt mir heute nicht leicht. Aber weil du es sagst, will ich es tun. Ich möchte dir heute noch mehr vertrauen, obwohl meine Umstände es mir gerade schwermachen. Amen.«

Tipp des Tages

In schweren Zeiten ist DANKEN dran, damit Gott durch dich wirken kann!

»Freut euch Tag für Tag, dass ihr zum Herrn gehört. Und noch einmal will ich sagen: Freut euch!«
Philipper 4,4

13 Oktober

Gott zu danken, ist eine unglaublich effektive Lösung, wenn du gerade eine schwere Zeit durchmachst. Denn dadurch **bestätigst und unterstreichst du deinen Glauben** und dein Vertrauen in ihn und bekennst gleichzeitig, dass du ihn brauchst. Diese Haltung benötigt es, damit er durch dich und in dir wirken kann. Also, worauf wartest du?

Mein Tag

Frage an mich

Beginnen meine Gebete mit Dank oder bin ich gleich schon wieder damit beschäftigt, Gott um etwas zu bitten?

Mein Gebet

»Jesus, ich danke dir für alles, was du schon für mich getan hast! Und ich preise deine Größe, deine Macht und deine Möglichkeiten, auch heute noch Wunder zu vollbringen! Amen.«

14
Oktober

»Denn wir haben ihn kennengelernt.«
2. Petrus 1,3

Tipp des Tages

Durch ein eigenes Glaubensleben wirst du auch eigene Wunder erleben!

Kennst du Jesus? Hast du ein **eigenes Glaubensleben** beziehungsweise eine persönliche Beziehung zu ihm, in der du eigene Erfahrungen machst? Diese sind so wichtig, um deinen eigenen Glauben zu vertiefen. Denn wenn dein Glaube nur auf dem beruht, was andere erleben, wirst du die Schönheit der **persönlichen Beziehung zu Jesus** verpassen. Das wäre doch schade!

Mein Tag

Frage an mich

Nenne ich mich nur Christ? Oder lebe ich wirklich mit und für Christus?

Mein Gebet

»Jesus, darf ich eine so tiefe Beziehung zu dir haben,
die andere ermutigen wird,
ebenfalls eine so tiefe Beziehung mit dir zu führen?
Das wäre wundervoll! Ich liebe dich. Amen.«

Tipp des Tages

Erlaube dir, heute SELBST ZU LEBEN, dann hast du so viel mehr zu geben!

»Liebe deinen Mitmenschen wie dich selbst!« Galater 5,14

15 Oktober

Weißt du, was zu tun ist, wenn du in einem Flugzeug sitzt, ein Notfall eintritt und dir die **Sauerstoffmasken** entgegenspringen? Genau, du greifst ZUERST selbst zu einer Maske, BEVOR du anderen hilfst. Wieso? Weil du ohne Sauerstoff nicht weiterleben und folglich nicht anderen helfen kannst. Genau so funktioniert das auch im Alltag! **Du brauchst erst selbst die Ruhe**, um aus dieser Ruhe heraus anderen helfen zu können.

Mein Tag

Frage an mich

Wie kann ich mehr Ruhe in mein Leben bringen?

Mein Gebet

»Jesus, hilf mir bitte, mich nicht in To-dos zu verlieren, bevor ich nicht selbst zur Ruhe gekommen bin. Ich möchte sinnvoll leben und sinnvoll weitergeben! Hilf mir bitte, weise Entscheidungen zu treffen. Amen.«

16 Oktober

»Geh, aber sündige nun nicht mehr.«
Johannes 8,11

Tipp des Tages

Wenn du nicht tust, was du tun musst, wirst du niemals sehen, was du sehen willst.

Jesus verurteilte die Frau, die Ehebruch begangen hatte, nicht. Er zeigte ihr seine Liebe und Fürsorge, indem er ihr sagte: »Tu es einfach nicht wieder.« Vielleicht belastet dich die Sünde, die du begangen hast. Dann möchte Jesus auch dir heute zusagen: »Bring diese Last zu mir, ich will dir vergeben. Doch tu es nicht wieder, um nicht wieder mit dieser Last leben zu müssen.«

Mein Tag

Frage an mich

Welche Sünde lasse ich heute los?

Mein Gebet

»Jesus, meine Sünde lastet schwer auf mir. Besonders weil ich mit dieser Lüge gelebt habe, dass du mir nicht mehr vergeben kannst. Heute lege ich diese Last ab. Und nein, ich will meine Sünde nicht mehr wiederholen! Vergib mir bitte und mach mich frei. Amen.«

Tipp des Tages

Gott könnte ohne dich planen, doch er will dich in seinem Team haben!

»Gott hat sich die aus menschlicher Sicht Törichten ausgesucht, um so die Klugen zu beschämen. Gott nahm sich der Schwachen dieser Welt an, um die Starken zu demütigen. Wer von Menschen geringschätzig behandelt, ja, verachtet wird, wer bei ihnen nichts zählt, den will Gott für sich haben.«
1. Korinther 1,27–28

17 Oktober

Denkst du tatsächlich, du könntest unbrauchbar für Gott sein? Damit würdest du absolut falschliegen! Denn Gott liebt es, gerade durch die Menschen seine Kraft zu zeigen, die sich schwach fühlen, **aber auf ihn vertrauen**! Die glauben, nicht gut genug zu sein, **aber auf ihn vertrauen**! Die meinen, nicht die Finanzen dazu zu haben, **aber auf ihn vertrauen**! Verstehst du? **Du musst ihm nur vertrauen!**

Mein Tag

Ziel des Tages

Heute stehe ich auf – trotz Schwäche – und VERTRAUE auf ein Wunder!

Mein Gebet

»Jesus, ich bin genug,
weil du in mir lebst und mir dadurch
alles möglich ist!
Ja, ich vertraue dir! Amen!«

Tipp des Tages

(D)eine Baustelle ist eine Verbesserung der Lage!

18 Oktober

»Vergrößere dein Zelt! Spann die Zeltdecken weiter aus! Spare nicht!«
Jesaja 54,2

Hast du manchmal auch das Gefühl, dass dein Leben eine endlose **Baustelle** ist? Wieso empfindest du das als so negativ? Es bedeutet doch nur, dass noch so viel möglich ist und du noch nicht am Ziel bist – **weil Gott noch so viel mehr mit dir vorhat.**

Mein Tag

Frage an mich

Hätte ich die Wahl, woran würde ich in meinem Leben gern noch arbeiten lassen?

Mein Gebet

»Jesus, was für ein schöner Gedanke!
Dass ich noch eine Baustelle bin, ist gar nichts Schlimmes,
sondern bedeutet nur, dass du an mir arbeitest!
Danke dafür, Amen!«

Tipp des Tages

Bete, wenn dich keiner sieht, und du wirst Wunder erleben, die jeder sieht.

»Jesus zog sich aber zurück, um in der Einsamkeit zu beten.« Lukas 5,16

19 Oktober

Mein Tag

Du darfst immer beten. Und du sollst immer beten, vor allem dann, wenn es niemand mitbekommt (siehe 1. Thessalonicher 5,16). Und du wirst erleben, wie deine **Gebete erhört werden**.

Frage an mich

Was für ein/e Beter/in bin ich? Bete ich auch, ohne dass es andere mitbekommen?

Mein Gebet

»Jesus, ich bete heute für ____________________.
Lass mich erleben,
wie diese Wunder geschehen.
Amen.«

20 Oktober

»Der Herr selbst geht vor dir her. Er steht dir zur Seite und verlässt dich nicht. Immer hält er zu dir. Hab keine Angst und lass dich von niemandem einschüchtern!«
5. Mose 31,8

Tipp des Tages

Mut ist,
trotz Angst
weiterzumachen!

Ob Mose, Paulus, David oder Esther – ohne ihren Mut hätten wir wahrscheinlich nie von ihnen gehört! **Es hat ihren Mut gebraucht**, um ihr eigenes Leben und das Leben anderer zu verändern. Und sie konnten es, **weil Gott mit ihnen war.**

Mein Tag

Frage an mich

Gott ist auch bei mir! Bin ich bereit, mich genauso für den Mut zu entscheiden?

Mein Gebet

»Jesus, dank dir wage ich es,
mutig zu sein! Du bist der Grund,
weshalb ich heute stark sein möchte!
Amen.«

Tipp des Tages

Achte darauf, die WAHRHEIT in allem zu sehen, und der Teufel kann dir so schnell nichts mehr nehmen!

»Was Gott sagt, ist wahr und zuverlässig; er beschützt alle, die Schutz bei ihm suchen.«
Sprüche 30,5

21 Oktober

Dass Gott dir Gutes geben will, das ist genauso real, wie die Tatsache, dass der Teufel dir konstant die Freude nehmen will. Und das oft durch Kleinigkeiten, die dir gar nicht bewusst sind. Wenn heute also etwas schiefläuft, dann **richte deinen Blick sofort nach oben, erinnere dich an seine WAHREN WORTE** und bete das heutige Gebet.

Mein Tag

Ziel des Tages

Ich werde mir heute nicht die Freude nehmen lassen, wenn etwas danebengeht. Stattdessen will ich mich bewusst an Gottes Wahrheiten erinnern.

Mein Gebet

»Jesus, ich lass mir die Freude nicht nehmen, denn du kannst mir wieder Gutes geben! Amen.«

22 Oktober

»Mit reinem Wasser wasche ich eure Schuld von euch ab.«
Hesekiel 36,25

Tipp des Tages

Du kannst von außen betrachtet aussehen wie immer, doch von innen drin völlig verändert sein!

Das ist dein Tag! Du kannst heute von vorne beginnen! Juhu! Gott möchte dir vergeben und dir einen **Neubeginn** schenken. Was für ein Festtag!

Mein Tag

Me Time

Ich setze heute ein Zeichen. Denn es ist ein besonderer Tag. Heute findet ein Neubeginn statt!

Mein Gebet

»Jesus, ich will von vorne beginnen!
Ich brauche einen Neustart! Bitte vergib mir meine Schuld.
Verändere du mein Herz. Amen.«

Tipp des Tages

Bei Gott gibt es kein »zu spät«, wenn es um dein Wunder geht!

»Verzweifle nicht! Vertraut mir ganz und gar!« Markus 5,36

23 Oktober

Mein Tag

Der Synagogenvorsteher Jairus war verzweifelt, denn er hatte so sehr gehofft, dass Jesus **das Wunder vollbringen** und seine Tochter nicht sterben würde. Doch als Jesus sich zu verspäten schien, schien das Wunder nicht mehr möglich zu sein – in seinen Augen! Doch für Jesus war es **ein Klacks,** seine Tochter gesund zu machen und das Wunder wahr werden zu lassen! **Er tat es nur zu seiner Zeit.**

Frage an mich

Wo denke ich insgeheim, dass Jesus zu spät gekommen ist?

Mein Gebet

»Jesus, auch ich denke oft, dass du nicht mehr eingreifen wirst. Vergib mir meinen Unglauben. Ich will darauf vertrauen, dass du immer rechtzeitig handelst. Amen.«

24 Oktober

»Reiche und Arme haben eines gemeinsam: Gott, der Herr, schenkte ihnen das Leben.«
Sprüche 22,2

Tipp des Tages

Ist dein Leben leer, ist es vielleicht zu voll.

Manche füllen ihr Leben mit viel Arbeit, um Anerkennung oder ein dickes Bankkonto zu bekommen. Andere treiben in jeder freien Sekunde Sport, weil es ihnen in dem Moment Erfüllung schenkt, doch zeitgleich haben sie keine Zeit mehr, um einfach einmal durchzuatmen. Wirklich reich wirst du erst, wenn du erkennst, dass du nichts tun oder verdienen kannst, was dich wirklich erfüllt. Du kannst nur **annehmen**, was Gott dir **schenken** möchte: **ein Ankommen bei dem, der dir das Leben geschenkt hat!**

Mein Tag

Frage an mich

Womit versuche ich, Bestätigung und Anerkennung zu bekommen?

Mein Gebet

»Jesus, so wie ich bin,
komme ich heute zu dir.
Um ANZUKOMMEN bei dem, der mich kennt und liebt.
Und ich danke dir dafür! Amen.«

Tipp des Tages

Erwarte Unerwartbares, wenn Unerwartetes dich warten lässt.

»Wer auf ihn vertraut, steht fest und sicher.«
Römer 10,11

25 Oktober

Eigentlich … Eigentlich bietet ein Leben mit dem festen Vertrauen auf Gott die Möglichkeit, **zu jedem Zeitpunkt ein Wunder zu erwarten** – und auch zu erleben. Wenn du nur das Wörtchen »eigentlich« durch die Worte »ich bin mir sicher, dass …« ersetzen würdest!

Mein Tag

Frage an mich

In welchem Lebensbereich kann ich mein »Eigentlich« durch ein »Ich bin mir sicher, dass …« ersetzen?

Mein Gebet

»Jesus, bitte hilf mir,
mein Leben auf deine Sicherheit aufzubauen
und nicht auf ein Eigentlich,
das keinen Bestand hat. Amen.«

26 Oktober

»Denn das Sichtbare vergeht, doch das Unsichtbare bleibt ewig.«
2. Korinther 4,18

Tipp des Tages

Nur weil du es nicht sehen kannst, heißt es nicht, dass es nicht geschehen kann.

Es klingt unlogisch, doch es ist so wahr: Das, was du heute sehen kannst, wird nicht ewig sein. Doch **das, was du nicht sehen, aber GLAUBEN kannst,** das wird für immer bleiben! Gott zum Beispiel. Und wenn du an ihn glaubst, wird es für dich leichter sein, auch an das Wunder zu glauben, das du noch nicht sehen, aber durch den Glauben erleben kannst.

Frage an mich

Wenn Glaube mit Vertrauen beginnt – wie sehr vertraue ich persönlich dann Gott?

Mein Tag

Mein Gebet

»Stärke meinen Glauben!
Denn ich möchte zu einem Menschen werden,
der durch den Glauben Wunder erlebt.
Amen.«

Tipp des Tages

Weiterzumachen ist genauso eine Entscheidung wie aufzugeben. Darum entscheide richtig.

»Der Herr stand Josua zur Seite.«
Josua 6,27

27 Oktober

Wie oft hast du es schon versucht? Und wie oft wollte es einfach nicht funktionieren und nun glaubst du, dass Gott einfach nicht da ist – oder nicht eingreifen will? **Sei ermutigt**, denn es geht so vielen Menschen ähnlich wie dir. Doch hier entscheidet sich, wer zu denen gehört, die aufgeben, und wer zu denen gehört, die zum Schluss dastehen und sagen werden: »Es war ein Kampf, doch ich durfte meinen Durchbruch erleben. Der Herr stand mir zur Seite!« Und beachte, dass hier rückblickend gesagt wurde: »Der Herr stand mir zur Seite.« Auch Josua musste **erst einmal durchhalten und kämpfen**, um diesen Satz sagen zu können.

Mein Tag

Frage an mich

Wo bin ich versucht aufzugeben?

Mein Gebet

»Jesus, ich möchte durchhalten,
ich möchte dranbleiben und immer wieder von vorne beginnen.
Und ich bin mir sicher, dass auch ich zum Schluss erkennen werde, dass du mir immer zur Seite gestanden hast! Amen.«

28 Oktober

»[...] Potifar sah, dass der Herr ihm Erfolg schenkte.«
1. Mose 39,3

Tipp des Tages

Du musst das Ziel noch nicht sehen, um weiter in diese Richtung zu gehen!

Gott hat einen Plan mit deinem Leben! Wie oft hast du diesen Satz schon gehört? Und wie oft hast du ihn geglaubt? Jetzt mal ganz ehrlich? Josef hatte schon sehr früh einen starken Glauben. Und obwohl er von seinen Brüdern verkauft worden war und erst einmal im Gefängnis landete, **ZWEIFELTE ER niemals.** Das Ende der Geschichte kennst du, nicht wahr? Bis heute erzählt man sich Josefs **WUNDER-volle Geschichte.** ZWEIFELST du jetzt immer noch daran, dass Gott auch für DICH einen Plan hat?

Mein Tag

Frage an mich

Wo finden sich bei mir aktuell Zweifel?

Mein Gebet

»Jesus, lösche bitte jeden Zweifel aus meinem Leben. Ich möchte für meinen Mut und Glauben in Erinnerung bleiben und dadurch zu einem Vorbild für viele Menschen werden. Amen.«

Tipp des Tages

Höre auf, selbst zu entscheiden, und lass dich 100-prozentig von Gott leiten!

»Hilf mir so zu leben, wie du es willst, denn du bist mein Gott!«
Psalm 143,10

29 Oktober

Es kostet dich, meist unterbewusst, viel Kraft, selbst alle **Entscheidungen deines Lebens** zu treffen. Ein wertvoller Tipp ist, nicht sofort zu entscheiden, sondern **innerlich einen Schritt zurückzugehen** und dich dann kurz zu fragen: »Was würde Jesus von mir wollen?«

Mein Tag

Ziel des Tages

Ich möchte mich selbst heute bewusst bei jeder Entscheidung fragen: »Was würde Jesus von mir wollen?«

Mein Gebet

»Jesus, übernimm bitte das Steuer in meinem Leben.
Ich möchte Entscheidungen treffen,
die dir l gefallen und mich weiterbringen.
Amen.«

30
Oktober

»Für das, was Gott euch geschenkt hat, könnt ihr gar nicht dankbar genug sein.«
Kolosser 2,7

Tipp des Tages

Sag einfach mal Danke – schon allein, weil das eine gute Tat ist.

Gehe heute voller **Dankbarkeit** durch den Tag! Beachte jede Kleinigkeit, für die du dankbar sein kannst, und schreibe sie auf oder sprich deine Dankbarkeit aus!

Mein Tag

Frage an mich

Was verändert es, wenn ich DANKBAR durch den Tag gehe?

Mein Gebet

»Jesus, ich habe so viel Grund zur Dankbarkeit!
Ich danke dir für

____________________! Amen!«

Tipp des Tages

Wenn Jesus IN DIR lebt, ist es klar, dass daneben keine andere Macht mehr besteht!

»Fallt nicht auf Weltanschauungen und Hirngespinste herein. All das haben sich Menschen ausgedacht; aber hinter ihren Gedanken stehen dunkle Mächte und nicht Christus. Nur in Christus ist Gott wirklich zu finden, denn in ihm lebt er in seiner ganzen Fülle. Deshalb lebt Gott auch in euch [und strahlt durch uns!], wenn ihr mit Christus verbunden seid. Er ist der Herr über alle Mächte und Gewalten!«
Kolosser 2,8–10

31 Oktober

So viele Menschen suchen nach einer »höheren Macht«, glauben an Engel oder daran, dass »positive Energien« alles verändern können. Gott ist in seinem Wort sehr **klar**. Und er wünscht sich, dass du ihn genauso **klar** erleben kannst. Das geschieht, wenn du dich **klar** und deutlich für ihn entscheidest!

Mein Tag

Frage an mich

Habe ich auch schon einmal »anderen Mächten« Raum in meinem Leben gegeben?

Mein Gebet

»Jesus, bewahre mich bitte davor, auf andere Mächte reinzufallen. Du allein bist der Weg, der zum Vater führt. Amen.«

Notizen

Tipp des Tages

Aus Liebe
will er geben, damit
du lieben kannst –
und leben!

»Dabei war es unsere Krankheit, die er auf sich nahm; er erlitt die Schmerzen, die wir hätten ertragen müssen.«
Jesaja 53,4

01
November

Hast du dich beim Sport schon einmal verletzt, weil du mit aller Macht etwas erreichen beziehungsweise gewinnen wolltest? Solche Wunden machen »Sinn«, weil du weißt, wofür du gekämpft hast. Jesus wurde verwundet, weil er DICH gewinnen wollte – er hat diese Verletzungen gern auf sich genommen, um dir **Freiheit zu schenken**!

Mein Tag

Frage an mich

Lebe ich denn wirklich in dieser Freiheit? Habe ich wirklich verstanden, was Jesus am Kreuz für mich getan hat?

Mein Gebet

»Jesus, es ist unfassbar,
was du am Kreuz auf dich genommen hast!
Danke, dass du für mich diesen hohen Preis bezahlt hast –
damit ich heute frei sein darf! Wow. Amen.«

02
November

»Weil ihr Gottes Kinder seid, gehorcht ihm und lebt nicht mehr wie früher.«
1. Petrus 2,14

Tipp des Tages

Du musst nicht bleiben, wer du warst, denn Gott schenkt dir heute einen ganz neuen Start!

Du darfst dich verändern! Hast du dir schon einmal Gedanken darüber gemacht? Du darfst! Es muss nicht bleiben, wie es gestern war. Gott schenkt dir dazu seine **GNADE**! Sie soll dich auf dem Weg der Veränderung begleiten und macht diese überhaupt erst möglich. Noch einmal: **Du darfst dich verändern!**

Mein Tag

Frage an mich

In welchen Bereichen meines Lebens lebe ich noch nicht so, wie es Jesus gefällt?

Mein Gebet

»Jesus, ich möchte jeden Tag mit der Frage beginnen: ›Was willst du von mir?‹ und mich jeden Tag von dir so verändern lassen, dass ich es schaffe, deinen Willen zu erfüllen und dir zur Ehre zu leben. Weil ich dich liebe. Amen.«

Tipp des Tages

Freue dich über jeden neuen Tag – denn dieser ist ein besonderer – für deinen Traum ist er der Start!

»Alles, was du tun kannst, wozu deine Kraft ausreicht, das tu!«
Prediger 9,10

03
November

Was wolltest du schon immer tun? Welchen Traum hältst du noch in deinem Herzen verborgen? **Gott ermutigt dich** durch sein Wort, **diesem Traum Leben zu schenken** – indem du die Kraft nutzt, die du heute hast, um mit seiner Umsetzung zu beginnen!

Mein Tag

Frage an mich

Welchen Traum habe ich schon lange auf meinem Herzen? Wie kann ich diesem Traum HEUTE »Leben schenken«?

Mein Gebet

»Jetzt würden mir wieder so viele ›Aber‹ einfallen. Doch heute will ich mich entscheiden, es einfach zu probieren. Denn du schenkst mir die Kraft und ich weiß, dass du mir noch so viel mehr schenken wirst, wenn ich nur den ersten Schritt wage. Amen!«

04
November

*»Hilfe suchend blicke ich zum Herrn,
denn er wird mich aus der Schlinge ziehen!«
Psalm 25,15*

Tipp des Tages

Versorge deine Sorgen – ja, vertraue Gott heute und auch morgen!

Wenn dich heute eine neue Sorge »überraschen« sollte, wieso überraschst du sie dann nicht mit deinem **Glauben**? Und zwar indem du nicht gleich mit deinem Umfeld über die Angelegenheit sprichst, sondern sofort und zuerst mit Gott über das redest, was dir Sorgen bereitet. Denn **letztlich kann ohnehin nur er dir helfen!**

Mein Tag

Frage an mich

Wobei brauche ich heute Gottes Hilfe?

Mein Gebet

»Jesus, ich brauche dein Eingreifen!
Ich möchte glaube, dass du auch aus dieser Situation etwas Gutes schaffen wirst.
Und ich bitte dich: Hilf mir! Amen.«

Tipp des Tages

Prüfungen sind der Beweis dafür, dass Gott dich auf ein nächstes Level bringen möchte!

*»Und wenn du ins Feuer gerätst, bleibst du unversehrt.
Keine Flamme wird dich verbrennen. Denn ich, der Herr, bin dein Gott.«
Jesaja 43,2*

05 November

In der Schule konntest du nicht einfach vor **Prüfungen** davonrennen. Du musstest da durch – es gab keine andere Option. Wenn Gott dich durch Prüfungen hindurchgehen lässt, ist das nicht anders, doch einen entscheidenden **Vorteil** hast du im Vergleich zu den Prüfungen in der Schulzeit: Du darfst währenddessen ins Buch schauen! Du darfst »abschreiben«! Ist es nicht toll, dass du alle **Antworten** für deine Prüfung in der Bibel findest? Und genau wie in der Schulzeit wollen die Prüfungen Gottes immer nur das Beste aus dir rausholen!

Mein Tag

Frage an mich

Welche aktuelle Prüfung möchte ich bestehen?

Mein Gebet

»Jesus, ich bin bereit! Danke, dass ich dein Wort habe, das mich durch diese Prüfung begleiten wird! Danke, dass ich verändert und gestärkt aus dieser Zeit herauskommen werde – dank dir und durch dich! Amen.«

06
November

»Nur bei Gott komme ich zur Ruhe.«
Psalm 63,6

Tipp des Tages

Tu heute Morgen etwas, worauf du heute Abend stolz sein wirst!

Wir Menschen haben die Tendenz, immer »viel« von allem zu wollen. Das fängt bei der Chipstüte an und geht weiter bei Erfolg und Anerkennung. Sobald wir für etwas gelobt werden, soll es noch mehr werden, soll es »viel mehr« davon werden. Doch viel **ist** viel. Und weder zu viel Chips noch zu viel Erfolg haben einem Menschen je gutgetan. **Das Einzige, wovon du wirklich so viel wie möglich abbekommen solltest** und wovon es kein schädliches »Zuviel« gibt, das ist die **Nähe Gottes**!

Mein Tag

Frage an mich

Was ist in meinem Leben zu viel?

Mein Gebet

»Jesus, was für ein wertvoller Gedanke: Nichts, von dem ich je ›viel‹ hatte, hat mich langfristig glücklich gemacht – bis auf deine Nähe. Und davon will ich tatsächlich noch viel mehr! Amen.«

Tipp des Tages

Du kannst Ruhe in deiner Unruhe finden!

»Wenn ich nachts in meinem Bett liege, denke ich über dich nach, meine Gedanken sind dann nur bei dir.«
Psalm 63,7

07 November

Wenn du durch eine Zeit gehst, in der du immer wieder »schlaflose Nächte« hast, ist das meist der Fall, weil dich etwas zu sehr beschäftigt oder weil Gott dir etwas Wichtiges sagen möchte. Ruhe finden bedeutet jedoch nicht, den perfekten Schlaf zu finden. **Ruhe bedeutet, trotz aller Umstände Gottes Nähe zu suchen** – auch wenn du schlaflos in deinem Bett liegst. Frage Gott in diesen Momenten doch einfach mal: »Was willst du mir zeigen?« Und sei dir sicher: **Gott hat GUTES mit dir vor!**

Mein Tag

Frage an mich

Bin ich in letzter Zeit unruhig? Habe ich schon einmal versucht, in dieser Unruhe auf Gottes Reden zu hören?

Mein Gebet

»Herr, ich suche diese Ruhe in meiner Unruhe. Ich suche dich. Bitte sprich heute deutlich zu mir und lass mich nicht verpassen, was du mir Gutes sagen möchtest. Amen.«

08 November

»Schau weder nach rechts noch nach links, damit du nicht auf Abwege gerätst.«
Sprüche 4,27

Tipp des Tages

Vertrauen beginnt damit, in die richtige Richtung zu schauen.

Wo hast du heute schon hingeschaut? Was haben deine Augen schon bewusst wahrgenommen? Die Nachrichten? Die Instagram-Bilder der »schöneren, erfolgreicheren und glücklicheren Menschen«? Oder vielleicht Gottes Worte in der Bibel? Gott will zu dir reden! Er will dir von seinem **Plan für DEIN Leben** erzählen. Das schafft er allerdings nur, wenn du zu ihm und auf ihn schaust – und von manch anderen Dingen weg-schaust.

Frage an mich

Wohin sollte ich seltener schauen? Und wohin öfter?

Mein Tag

Mein Gebet

»Jesus, ich lasse mich so schnell ablenken. Hilf mir, besser darin zu werden, frühmorgens zuerst zu dir zu schauen und auch abends mein letztes Wort dir zu schenken. Bitte zeige mir deinen Plan für mein Leben. Amen.«

Tipp des Tages

Gott will dir mehr geben. Nicht weniger.

»Ja, ich schenke dir Segen im Überfluss!«
Psalm 81,11

09 November

Gott hält so vieles für dich bereit, doch bist du dafür bereit? Dieser Vers ist ein eindeutiger Beweis dafür, dass Gott dir **noch mehr** geben möchte! Denn der Vers endet nicht mit »Ich schenke dir Segen – Punkt.« Nein, der Satz geht weiter mit: »im Überfluss« – also **MEHR**!

Mein Tag

Ziel des Tages

Ich nehme mir heute Zeit, um bewusst MEHR von Gott zu empfangen!

Mein Gebet

»Jesus, ich möchte größer glauben und bereit sein für das, was du für mich vorbereitet hast! Und ich verstehe heute, dass das einfach MEHR ist! Ich staune wieder einmal über dich! Amen.«

10 November

»Denn alles kommt von ihm, alles lebt durch ihn, alles vollendet sich in ihm. Ihm sei Lob und Ehre für immer und ewig! Amen.«
Römer 11,36

Tipp des Tages

Fülle den Tag mit Dankbarkeit, denn am Ende ist es das, was im Herzen bleibt!

Was gibt es Schöneres, als dankbar zu sein? **Dankbarkeit** hat die Kraft, aus einem traurigen Gesicht ein lächelndes Gesicht und ein trauriges Herz wieder glücklich zu machen. Wieso? **Weil du dich daran erinnerst, was alles möglich ist, wenn du bewusst für die guten Dinge dankst.** »Denn meistens wird man dankbar, weil man etwas bekommen hat, das man sich gewünscht hat. Gott will dir geben, was du dir wünschst – schenke ihm doch einen vertrauensvollen **Vorschuss deiner Dankbarkeit!**

Mein Tag

Frage an mich

Wofür bin ich allein in den letzten drei Tagen dankbar?

Mein Gebet

»Jesus, du hast mich so oft beschenkt
und ich vertraue darauf, dass du es wieder tun wirst.
Deswegen will ich schon heute dankbar sein –
weil du treu bist! Amen.«

Tipp des Tages

Halbe Sachen werden dir das Leben schwerer machen.

»Zweifelt nicht;
denn wer zweifelt,
gleicht den Wellen im Meer,
die vom Sturm hin und her
getrieben werden.
Ein solcher Mensch
kann nicht erwarten,
dass Gott ihm etwas gibt.«
Jakobus 1,6–7

11 November

Wie viele Menschen kennst du, die sagen: »Doch, ich glaub schon.« Doch wenn du sie fragen würdest, ob sie wirklich glauben, würdest du ganz schnell ganz viele Zweifel heraushören. Weil sie mit dem Glauben noch nicht **»ganze Sache«** gemacht haben. Es macht nicht nur einen kleinen, **es macht einen riesigen Unterschied, ob du 10-prozentig oder 100-prozentig glaubst!** Bist du dir dessen bewusst?

Mein Tag

Frage an mich

Bin ich eher der Typ, der sagt: »Ja, ja, ich glaube schon«, nicht wirklich überzeugt, aber einverstanden damit ist, oder spüre ich dieses Verlangen in mir, die 100 Prozent erreichen zu wollen?

Mein Gebet

»Jesus, ich gestehe, dass ich nur zu ___Prozent glaube. Ab heute will ich aber meine Zweifel loslassen und 100 Prozent daraus machen. Danke, dass du meinen Glauben stärken kannst, denn dazu brauche ich dich! Amen.«

12 November

»Der Herr ist auf meiner Seite und ich brauche mich vor nichts und niemandem zu fürchten.«
Psalm 118,6

Tipp des Tages

Es ist unmöglich, voll von Gott und gleichzeitig voll von Angst zu sein.

Was macht dir **Angst**? Vielleicht die Zahl auf der Waage? Dann kann das daran liegen, dass du Gott nicht »mit auf die Waage genommen« hast und in dem Bereich Körperzufriedenheit noch nicht voll von ihm bist. Denn dann würde er dir ganz schnell ins Herz flüstern, was richtig und was falsch ist, und dir zeitgleich die Liebe schenken, die du in diesem Moment nicht mehr für dich selbst hast. Oder ist es die Angst vor dem heutigen vollen Arbeitstag? Hast du Gott denn schon gebeten, mit dir durch diesen Tag zu gehen? **Und das gilt für ALLE Bereiche deines Lebens!** Wenn du »voll von ihm« bist, werden deine Ängste durch die göttliche Wahrheit ersetzt, dass du dich vor nichts zu fürchten brauchst!

Mein Tag

Frage an mich

Wovor habe ich Angst? Und bin ich in diesem Bereich »voll von Gott«? Was würde er mir in dieser Situation zusprechen?

Mein Gebet

»Jesus, ich möchte wirklich ein Leben führen, das voll von dir ist. Denn du bist die Antwort auf alle meine Ängste. Amen.«

Tipp des Tages

Gott möchte ein neues Kapitel aufschlagen, und das beginnt meistens an ganz normalen Tagen!

»Erkennt, dass ich Gott bin!« Psalm 46,11

13 November

Oft warten wir auf einen ganz **besonderen Moment**. Auf den Tag, an dem wir morgens schon bestens gelaunt aufwachen und die Sonne uns anlacht. An solchen Tagen wissen wir: »Heute ist alles möglich!« Aber ganz ehrlich? So denken wir. Gott denkt sich – und zwar an jedem Tag: »Heute habe ich Lust auf Wunder!« Dieses Wunder mag nicht immer in der Form zu dir kommen, wie DU dir das vorstellst, doch eines ist sicher: **Gott will dir in deiner Not begegnen!**

Ziel des Tages

Auch wenn heute alles dagegensprechen sollte, werde ich nicht aufhören zu glauben, dass Gott mir Gutes tun wird!

Mein Tag

Mein Gebet

»Jesus, dir ist es möglich,
aus meinen Wunden Wunder zu machen.
Und ich bitte dich heute darum,
dass ich das erleben darf! Amen.«

14 November

»Glücklich sind die Trauernden, [...] die Friedfertigen, [...] die nach Gerechtigkeit hungern, [...] die Barmherzigen [...], Frieden stiften, [...] die verfolgt werden [...]! Ja, freut euch!«
Matthäus 5,3–12

Tipp des Tages

Sei glücklich, weil du es sein kannst.

Es ist nur menschlich zu glauben, dass du nur dann **glücklich** sein kannst, wenn du dich glücklich fühlst, du einen erfolgreichen Tag hattest oder Menschen um dich herum hast, die dich lieben. Doch hast du schon einmal darüber nachgedacht, dass du auch einfach nur glücklich sein könntest, **weil du es sein** kannst?

Mein Tag

Frage an mich

Worüber darf ich heute glücklich sein?

Mein Gebet

»Jesus, ich habe tatsächlich immer einen Grund, glücklich zu sein. Hilf mir bitte dabei, diesen zu sehen, bevor ich alles andere sehe, was meine Stimmung herunterdrücken kann. Ich danke dir für die vielen Gründe der Freude in meinem Leben. Amen.«

Tipp des Tages

Er verspricht,
dich Tag für Tag zu
tragen, so darfst du
auch Nacht für Nacht
ruhig schlafen.

*»Darum sage ich euch:
Macht euch
keine Sorgen!«
Matthäus 6,25*

15 November

Wie schön wäre es, wenn dieser Vers das Erste wäre, was dir morgens in den Sinn kommt, und das Letzte, worüber du nachdenkst, bevor du ins Bett gehst? Na, **das ist möglich**! Nimm ihn dir zu Herzen, sprich darüber mit deinem Gott, **glaube**, was du liest, und **setze es um**!

Mein Tag

Ziel des Tages

Ich lasse mich fallen, um mich von Gott auffangen zu lassen.

Mein Gebet

»Jesus, ich möchte keine Sekunde länger meine Sorgen selbst tragen. Jesus, ich lade heute ______________________ bei dir ab. Danke, dass du mir diese Lasten abnehmen willst! Wie gut bist du zu mir! Danke dafür! Amen!«

16 November

»Worin auch immer eure Arbeit besteht – tut sie mit ganzer Hingabe, denn letztlich dient ihr nicht den Menschen, sondern dem Herrn. Ihr könnt sicher sein, dass ihr von ihm einen Lohn bekommt.«
Kolosser 3,23–24

Tipp des Tages

Du weißt nie, was du an dem Platz bewirkst, an dem du jetzt gerade bist, wenn du diesen Platz nicht bewusst einnimmst!

Kennst du auch solche »**Hier-will-ich-nicht-sein**-Zeiten«? Ich glaube, im Laufe des Lebens macht jeder einmal diese Zeiten durch. Aber anstatt sie einfach nur durchzumachen, könntest du dich auch dafür **entscheiden**, sie anzunehmen und trotz allen Schwierigkeiten **einen Unterschied zu bewirken** – an dem Platz, an dem du gerade bist. So wie Josef (siehe 1. Mose 39,19). Oder glaubst du, dass er gern im Gefängnis war? Wir wissen heute, dass diese schwere Zeit sein **Sprungbrett für etwas viel Größeres** wurde. Wer weiß, auf welchem Sprungbrett DU heute stehst?

Mein Tag

Frage an mich

Wann habe ich schon einmal eine »Hier-will-ich-nicht-sein-Zeit« erlebt? Was habe ich Gutes daraus mitnehmen können?

Mein Gebet

»Jesus, schenke mir bitte nicht nur das nötige Durchhaltevermögen, sondern auch das Vertrauen, dass mir diese Zeit zum Besten dienen wird. Amen.«

Tipp des Tages

Er will nicht nur deine Wunden heilen, er will dich auch von deinen Erinnerungen befreien!

»Herr, allmächtiger Gott, durch deine starke Hand und deine Macht hast du den Himmel und die Erde geschaffen. Nichts ist dir unmöglich.«
Jeremia 32,17

17 November

Mein Tag

Wir hören so oft: »Gott will deine Wunden heilen und er wird es auch tun!« Und das ist wahr, doch **er will noch viel mehr** als das: Er will und er kann dich von der Macht deiner schmerzhaften **Erinnerungen** der Vergangenheit befreien, die dir die Gegenwart und Zukunft schwer machen, weil er dir ein **SCHÖNES HEUTE** wünscht!

Frage an mich

Welche Erinnerung möchte und werde(!) ich loswerden?

Mein Gebet

»Allmächtiger Gott, verletzt stehe ich hier und glaube, dass du mich heilen UND befreien kannst! Befreie mich von den schmerzhaften Erinnerungen der Vergangenheit. Ja, ich glaube und ich werde es erleben. Amen.«

18 November

»Aus seinem göttlichen Reichtum hat er uns immer und immer wieder mit seiner grenzenlosen Liebe beschenkt!«
Johannes 1,16

Tipp des Tages

Er gab, damit du leben kannst. Jetzt lebe du, um zu geben!

Was für ein Moment, als Jesus sein Leben gab – für dich und für mich! Ein Moment, der uns von aller Schuld befreite! Und was ist unser Auftrag – jetzt, wo er uns bereits alles gegeben hat, damit wir leben dürfen?

Wir sollen leben **und Liebe** geben! Aber nicht unsere eigene, menschliche Liebe, denn die wäre schnell aufgebraucht – **seine Liebe** sollen wir geben! Und dazu dürfen wir immer wieder **gratis** bei ihm **auftanken** ...

Mein Tag

Ziel des Tages

Heute will ich mit Liebe um mich werfen, auch wenn ich selbst keine zurückbekommen sollte! Dann geh ich eben bei Gott neu auftanken ... ☺

Mein Gebet

»Jesus, lass mich dein verlängerter Arm sein,
der hier auf Erden die Menschen mit deiner Liebe erreicht.
Darum bitte ich.
Amen.«

Tipp des Tages

Lass dir nicht die Freude nehmen – entscheide dich, weiter auf das Gute zu sehen!

»Du, Herr, bist alles,
was ich habe; du gibst mir
alles, was ich brauche.
In deiner Hand
liegt meine Zukunft.«
Psalm 16,5

19 November

Manchmal ist es ein echter Kampf, weiterhin auf **das Gute** zu sehen, während die Nachrichten nichts Gutes zu berichten haben, die Rechnungen sich stapeln und weitere »ungute« Dinge in unserem Leben geschehen. Doch dann, gerade dann, solltest du auf »den **Guten**« sehen, der dir eine **Lebensversicherung** mitgegeben hat, in der es heißt, dass du bis in alle Ewigkeit sicher bei ihm sein wirst!

Mein Tag

Ziel des Tages

Heute möchte ich meine Gedanken immer wieder bewusst in die richtige Richtung lenken – zu dem Guten!

Mein Gebet

»Jesus, ich bin dir so dankbar für deinen göttlichen Schutz. Im Moment sehe und fühle ich ihn nicht, doch ich vertraue darauf, dass du rechtzeitig eingreifen wirst. Deswegen will ich nicht auf die unguten Dinge schauen! Amen.«

20 November

»Wir haben einen mächtigen Gott! Er ist unser Herr für immer und ewig; allezeit wird er uns führen!«
Psalm 48,15

Tipp des Tages

Du hast etwas zu geben. Lass dir das nicht von deiner Angst nehmen!

Weißt du eigentlich, dass du schon heute genau das hast, was es braucht? Selbst wenn dir ein bevorstehendes Gespräch, eine Prüfung oder was auch immer gerade große Angst machen sollte. Vergiss niemals, dass du so oder so im **Gewinnerteam** spielst! Denn **Gott ist dein Vater.** Ein Vater, der dir alles geben will, was du brauchst – und es schon in dich hineingelegt hat! **Aus dieser Sicherheit heraus** darfst du heute alle Herausforderungen angehen und deine Angst ablegen.

Mein Tag

Frage an mich

Ist mir bewusst, dass Gott alles hat, was ich je brauchen könnte?

Mein Gebet

»Vater, mit dieser Sicherheit möchte ich in den Tag starten. Du bist bei mir, deswegen habe ich zu jedem Zeitpunkt etwas weiterzugeben. Amen.«

Tipp des Tages

Du entscheidest darüber, wie du entscheidest.

*»Ich darf am Leben bleiben, in seiner Nähe.«
Psalm 116,9*

21 November

Es stimmt, Gott hat dir deinen **freien Willen** gelassen. Das macht es allerdings nicht immer leichter. Denn nicht immer entscheiden wir uns für das Beste für uns selbst. So verbringen wir oft sinnlose Stunden damit, im **Selbstmitleid** zu versinken. Dabei steht **Gottes Angebot** zu jedem Zeitpunkt: Du darfst **JETZT in seine Nähe**! Was wirst du dort finden? Neuen **Mut für DEIN LEBEN**!

Mein Tag

Frage an mich

Wo könnte ich bessere Entscheidungen treffen? Entscheidungen, die mir guttun?

Mein Gebet

»Jesus, ich komme heute etwas zerknirscht zu dir. Ich fühle mich völlig leer. Doch ich entscheide mich dennoch für das, was gut und heilsam für mich ist: deine Nähe. Bitte lass das Wunder geschehen, dass meine Augen bald wieder das Gute sehen. Amen.«

22 November

»Gott ist Liebe.«
1. Johannes 4,8

Tipp des Tages

Bau dein Leben nicht auf deine Erfahrungen mit der Liebe auf, wenn du dein Leben auf dem aufbauen kannst, der die Liebe in Person ist!

Du hattest sicher auch schon einmal ein **gebrochenes Herz**, oder? Es muss ja nicht einmal durch eine Liebesbeziehung passiert sein. Vielleicht hat dich jemand, der dir nahestand, verletzt.

Doch vergiss niemals, dass für alle Fälle dasselbe gilt: »Verletzte Menschen verletzen Menschen.« Genau deswegen passieren Dinge, die wir nicht kontrollieren können und die uns so wehtun.

Doch das ist nicht die Realität von wahrer Liebe. Gott kann dir **in seiner Vollkommenheit** zeigen, was es bedeutet, **wirklich geliebt zu werden**. Wenn du ihn nur lässt …

Mein Tag

Ziel des Tages

Ich lasse mich von Gott gesundlieben – durch Bibelverse, die ich lese, Worship Songs, die ich höre, und durch ZEIT MIT IHM.

Mein Gebet

»Es stimmt, Jesus: Mein Herz hat so einiges hinter sich und dadurch fällt es mir sehr schwer, es neu für die Liebe zu öffnen. Doch ich will mich von dir gesundlieben lassen – durch deine Liebe! Hier ist mein Herz, kannst du es bitte heil machen? Amen.«

Tipp des Tages

Es wird sich erst was tun, wenn du was tust.

»[...] durch viele Feuerproben mussten wir hindurch – aber du hast uns aus der Gefahr befreit und uns mehr gegeben, als wir brauchten!«
Psalm 66,12

23 November

Mein Tag

Wäre ein **sorgenfreies** und **problemloses** Leben nicht wundervoll? Doch was wäre, wenn all unsere Sorgen und Nöte dazu beitragen, dass du erkennst, **dass Gott immer deine Schritte lenkt** und dabei seine Hand schützend über dich hält? Was, wenn er dir gerade dadurch zeigen will, **dass er da ist** und **WUNDER** für dich und durch dich geschehen lassen will – damit du erkennst, dass es ihn wirklich gibt?

Frage an mich

Aus welcher Gefahr hat Gott mich erst kürzlich gerettet?

Mein Gebet

»So oft habe ich schon genau diese schwereren Zeiten ›gebraucht‹, um wieder zu erkennen, dass ich *dich* brauche. Danke für diese Erinnerungen auch wenn sie mich viel kosten. Amen.«

24 November

»Ihr werdet die Wahrheit erkennen, und die Wahrheit wird euch befreien!«
Johannes 8,32

Tipp des Tages

Verbringe Zeit mit der Wahrheit und du bekommst eine ganz neue Klarheit!

Wie kann ich denn **Zeit mit der Wahrheit** verbringen? Zeit kann ich doch nur mit einer bestimmten Tätigkeit oder einer Person verbringen, nicht mit so etwas Abstraktem wie die Wahrheit, oder? Nun, das geht nur, wenn die Wahrheit eine Person ist und gleichzeitig in einem Buch festgehalten wurde … Manchmal bedeutet es einfach nur, die laute Musik leise zu drehen, die uns mit den seltsamsten Texten, in denen es so oft um ein gebrochenes Herz oder Sex geht, Unwahrheiten entgegenbrüllt. Wie willst du darin die Wahrheit finden und im Leben weiterkommen? Die Wahrheit ist **JEDES EINZELNE VON GOTT INSPIRIERTE WORT**. Das ist in jedem Fall die Bibel, kann aber auch eine Predigt auf YouTube sein oder Songs, die von Menschen geschrieben wurden, die Gott erlebt haben. Es gibt so viele Möglichkeiten, du musst dich einfach nur **dafür entscheiden**, dich mit der Wahrheit Gottes zu konfrontieren.

Mein Tag

Frage an mich

Wo könnte ich mich heute von der Wahrheit inspirieren lassen?

Mein Gebet

»Jesus, ich bitte dich heute, mich auf deine Wahrheit aufmerksam zu machen. Amen.«

Tipp des Tages

Hol dir Hilfe bei dem,
der kann,
was du nicht kannst.

»Ich bin ganz sicher, dass alles, was wir derzeit erleiden, nichts ist verglichen mit der Herrlichkeit, die Gott uns einmal schenken möchte.«
Römer 8,18

25 November

Es ist normal, dass du manchmal aufgeben möchtest, dass du es vielleicht »gerade nicht so fühlst« und eigentlich lieber den Kopf hängen lassen würdest, als weiter **nach Gottes Willen zu fragen** und zu versuchen, danach zu leben. Das ist deine menschliche Natur. Und Gott weiß darum. Deswegen hat er dir den Heiligen Geist gegeben, der dir helfen möchte, standhaft zu bleiben.

Mein Tag

Ziel des Tages

Ich möchte heute mehr über den Heiligen Geist erfahren!

Mein Gebet

»Heiliger Geist, ganz bewusst lade ich dich heute wieder in mein Leben ein. Du weißt, dass ich von mir aus einfach zu schwach bin, um standhaft zu bleiben. Doch du in mir, du machst das Unmögliche möglich! Verändere du mich bitte. Amen.«

26
November

»Wer hart [an sich] arbeitet, hat Erfolg.«
Sprüche 12,24

Tipp des Tages

Schon morgen kannst du stärker sein als heute.

Das, was dir heute Angst macht, kann morgen schon eine Kleinigkeit für dich sein, **wenn du die Sache HEUTE entschlossen angehst**. Denn nur so wirst du erleben, dass so viel mehr möglich ist, als du aktuell sehen kannst. Probiere es doch einfach mal aus!

Mein Tag

Frage an mich

In welchem Bereich möchte ich heute an mir arbeiten?

Mein Gebet

»Jesus, ich will dazulernen. Ich will nicht dort stehen bleiben, wo ich heute bin, wenn du noch so viel mehr mit mir vorhast. Deswegen werde ich heute etwas tun, das mir morgen zeigen wird, dass eben doch mehr möglich ist als gedacht! Amen.«

Tipp des Tages

Du kannst immer vorwärtsgehen, weil Gott hinter dir steht.

»Von allen Seiten umgibst du mich und hältst deine schützende Hand über mir.«
Psalm 139,5

27 November

Weißt du noch, wie du **Fahrradfahren** gelernt hast? Es stand jemand hinter dir, der dein kleines Fahrrad gehalten hätte, falls es umgekippt wäre. Diese Person konntest du nicht sehen, doch sie war da. Für dich war es wichtig, nach vorne zu schauen, in die Pedale zu treten und vorwärtszukommen! Genauso gilt das für heute: **Schau nach vorne, tu etwas und fürchte dich nicht** – weil du auch heute gehalten wirst!

Mein Tag

Frage an mich

Wo könnte ich heute »vorwärtsgehen«?

Mein Gebet

»Der allmächtige Gott steht hinter mir und fängt mich auf, wenn ich falle. Diesen Gedanken muss ich erst einmal begreifen. Vater im Himmel, deine Liebe ist so, so, so groß, dass ich nur staunen kann. Danke dafür! Unter deinem Schutz will ich vorwärtsgehen! Amen.«

28 November

»Er wirft unsere Sünden ins tiefste Meer.«
Micha 7,19

Tipp des Tages

Was Gott losgelassen hat, solltest auch du loslassen.

Kennst du dieses schlimme Gefühl? Das Gefühl der **Distanz**. Der Distanz zwischen Gott und dir. Du denkst an gestern, an das, was du getan hast und nicht hättest tun sollen, und du fragst dich bange: »Kann Gott immer noch vergeben?« Dieser Gedanke lässt dich nicht los. Weißt du, wie Distanz entsteht? Wenn du mit deinem Versagen nicht gleich zu Gott gehst! Denn **er will dir vergeben** und dir heute einen **Neustart** geben!

Frage an mich

Was kann ich in Zukunft ändern, um nicht wieder den gleichen Fehler zu machen?

Mein Tag

Mein Gebet

»Jesus, dass du mich so sehr liebst, dass du meine Sünden ins tiefste Meer werfen möchtest, obwohl ich mich selbst schwer damit tue, mir zu verzeihen, das übersteigt meinen Verstand. Danke, dass du mit vergibst. Amen.«

Tipp des Tages

Wenn du am Boden liegst, dann kämpf dich auf die Knie, denn von dort aus holst du dir den Sieg!

»Rufe zu mir, dann will ich dir antworten.«
Jeremia 33,3

29 November

Es ist ein gutes Zeichen, wenn die Dinge nicht so laufen, wie sie laufen sollten. **Lass dich davon nicht einschüchtern**! Denn meistens bedeutet es, dass du auf einem sehr guten Weg bist und der Teufel keine Freude an dir hat! Er kann dich vielleicht kurzzeitig umhauen, aber **du hast die Chance,** auch vom Boden aus weiter auf Gott zu vertrauen. Und ganz sicher wirst du bald auch wieder aufstehen und staunen können!

Mein Tag

Frage an mich

Was hat mich aktuell »umgehauen«? Ist es wirklich so schlimm, wie es aussieht? Oder schaffe ich es, im Vertrauen wieder aufzustehen und weiterzugehen?

Mein Gebet

»Jesus, was für ein Kampf ist das gerade! Aber ich kämpfe weiter, auch wenn ich aktuell gefühlt am Boden liege – weil ich weiß, dass du dabei bist, meinen Durchbruch, mein Wunder vorzubereiten. Danke dafür! Ich liebe dich. Amen!«

30 November

»Dann bringt sie her!«
Matthäus 14,18

Tipp des Tages

Auch wenn dir nicht viel möglich ist – tu alles, was dir möglich ist!

Du hast vielleicht nicht das Gefühl, bedeutend zu sein, doch du bist es! Menschen sehen nicht immer das, was Jesus in ihnen sieht, deswegen musst du mit deinen **Selbstzweifeln** und deiner Unsicherheit auch zu ihm kommen und nicht zu anderen Menschen. Selbst die Jünger haben nicht gleich erkannt, was man aus fünf Broten und zwei Fischen machen konnte (siehe Matthäus 14,17), und wollten schon aufgeben. **Doch Jesus sah**, was mit dem Wenigen möglich war, und **durch seinen Segen ließ er die Menschen ein Vermehrungswunder sehen.**

Mein Tag

Ziel des Tages

Ich möchte meine Selbstzweifel abgeben – und damit anfangen, FREI ZU LEBEN!

Mein Gebet

»Jesus, ich fühle mich wirklich nicht sehr bedeutend und weiß auch nicht, was mein Leben für einen Unterschied machen könnte. Doch ich bitte dich um deinen Segen! Ich will mit Bedeutung leben. Amen.«

Tipp des Tages

Wahre und echte Liebe wird durch TATEN und nicht durch TIPPEN gelebt.

»Lasst uns einander lieben: nicht mit leeren Worten, sondern mit tatkräftiger Liebe.«
1. Johannes 3,18

01 Dezember

Der schöne Monat Dezember beginnt! Der **Monat der Liebe.** Wir feiern die Geburt unseres Retters, der aus Liebe für uns Mensch wurde, sich selbst hergab und uns später durch seinen Tod am Kreuz das Leben schenkte.

Wow! Das ist Liebe! Hätte er uns nur eine WhatsApp aus dem Himmel geschickt: »Ich liebe euch«, wäre es längst nicht das Gleiche gewesen! Jesus liebte mit einer **tatkräftigen Liebe**, einer **sichtbaren Liebe**!

Mein Tag

Frage an mich

Wie kann ich heute sichtbar lieben?

Mein Gebet

»Jesus, was für eine Liebe hast du mir bewiesen! Ich staune. Und ich will von dir lernen! Denn es ist so leicht, mal eine nette Whatsapp zu verschicken, doch es kostet mehr, tatkräftig und sichtbar zu lieben. Und genau das will ich heute tun! Amen.«

02 Dezember

»Freut euch Tag für Tag, dass ihr zum Herrn gehört. Und noch einmal will ich es sagen: Freut euch!«
Philipper 4,4

Tipp des Tages

Erhebe deine Stimme und deine Stimmung hebt sich mit!

Hast du dich schon einmal leise gefreut? Klar, das geht auch, aber **richtige Freude** klingt meist anders. Sie ist laut! So wie bei einem Tor im Fußballstadion. Und noch lauter wird es, wenn das Tor das entscheidende ist! Gerade jetzt im Moment ist es entscheidend, ob du deine aktuelle Stimmung entscheiden lässt, wie der Tag verläuft, oder ob du deine Stimme erhebst und anfängst, Gott zu feiern, um deine Stimmung zu heben!

Mein Tag

Ziel des Tages

Trage ich eine Freude in mir, die ich nur für mich behalte, oder könnte ich meiner Freude noch mehr »Ausdruck schenken«, sodass sie auch mein Umfeld ansteckt?

Mein Gebet

»Jesus, ich entscheide mich, dich zu feiern!
Dich groß zu machen! Größer als das, was mich aktuell verstimmt.
Und ich glaube es und spreche es LAUT aus:
Das wird ein guter Tag! Amen.«

Tipp des Tages

Wir denken manchmal: »Durchs Beten passiert eh nichts«, und lassen es deshalb gleich. Dabei ist es so, dass »eh nichts passiert«, weil wir nicht beten.

»Solange ihr nicht Gott bittet, werdet ihr nichts empfangen.«
Jakobus 4,2

03
Dezember

»Das wäre mein Traum!« Diesen Satz hast du sicher schon einmal gesagt. Und was genau hast du damit gemeint? Ein Buch zu schreiben? Kinder zu haben? Diese Wohnung zu bekommen, die dir so gefällt? Wenn ja, wem hast du das denn gesagt? Deiner Familie oder deinen Freundinnen und Freunden? Oder **hast du auch Gott schon einmal davon erzählt?** Und ihn darum gebeten, dass dein Traum wahr wird?

Mein Tag

Frage an mich

Was ist mein großer Traum?

Mein Gebet

»Jesus, immer wieder rede ich mit anderen über das, was ich gern hätte, doch viel zu selten mit dir. Das will ich heute ändern.
Ich träume so sehr von ____________________________.
Kannst du mir diesen Wunsch erfüllen, bitte? Amen.«

04

Dezember

»Durch Christus sind wir frei geworden, damit wir als Befreite leben. Jetzt kommt es darauf an, dass ihr euch nicht wieder vom Gesetz versklaven lasst.«
Galater 5,1

Tipp des Tages

Gute Freunde werden das Gute in dir sehen. Schlechte Freunde werden das nie verstehen.

Siehst du schon, wie sehr Gott dich verändert hat? Siehst du, wie **frei** du durch ihn werden durftest? Darfst du deinen Glauben auch vor deinen Freunden ausleben und dazu stehen oder bist du dort ein »anderer Mensch«? Freundschaften sind etwas **Wertvolles** – und das bist du auch –, deswegen sollten Freundschaften dich in deiner Veränderung unterstützen und dir dabei nicht im Wege stehen.

Frage an mich

Habe ich gesunde Freundschaften?

Mein Tag

Mein Gebet

»Jesus, ich bitte dich, mich davor zu bewahren, ein Doppelleben zu führen. Ich will eine klare Linie in meinem Leben fahren. Eine, in der ich die von dir empfangene Freiheit zu 100 Prozent lebe! Amen.«

Tipp des Tages

Deine Freiheit ist eine Tür, die sich öffnet, wenn du das Kreuz berührst.

»Meine Hoffnung setze ich auf deine gerechten Entscheidungen. An dein Gesetz will ich mich beständig halten, für immer und ewig. So werde ich meinen Weg gehen können.«
Psalm 119,43–45

05 Dezember

Du kennst bestimmt diese **automatischen Türen**, die sich öffnen, sobald du vor ihnen stehst. Du stehst aktuell vor genau solch einer Tür, es fehlt nur noch **ein Schritt**. Und dieser Schritt heißt zu sagen: »Ich vertraue dir, Gott!«

Mein Tag

Frage an mich

Vor welcher Tür befinde ich mich gerade?

Mein Gebet

»Jesus, es ist schwer zu glauben, dass sich diese Tür, die sich eher wie eine Mauer anfühlt, einmal öffnen wird. Doch ich weiß auch, dass dir das Unmögliche möglich ist, deswegen will ich diesen Vertrauensschritt gehen. Amen.«

06

Dezember

»Herr, mein Gott! Zu dir schrie ich um Hilfe und du hast mich geheilt. Ich war schon mehr tot als lebendig, doch du hast mich dem sicheren Tod entrissen und mir das Leben neu geschenkt.«
Psalm 30,3

Tipp des Tages

Wer sich auf Gott verlässt, wird nie verlassen.

Gott kann alles. Einfach alles. Selbst David, der Mann nach dem Herzen Gottes, hat so viele **schwere Zeiten** durchmachen müssen, doch er hat immer wieder **zu Gott geschrien** und immer wieder **neue Kraft** und **neue Hoffnung** von ihm erhalten! **Weil er wusste**, dass es Gott, der uns das Leben geschenkt hat, auch möglich ist, uns zu jedem Zeitpunkt **das Leben neu zu schenken**! Weil er alles kann.

Mein Tag

Frage an mich

Was mache ich aus diesem Neubeginn?

Mein Gebet

»Jesus, auch ich sehne mich nach einem Neubeginn.
Ich rufe zu dir, ich brauche dich! Bitte schenke mir das Leben neu.
Ein Leben, das deine Handschrift trägt. Ich sehne mich nach deinem Eingreifen und ich weiß, du wirst es tun! Weil du alles kannst. Amen.«

Tipp des Tages

Tu das, was dir wirklich guttut.

»Denn was gewinnt ein Mensch, wenn ihm die ganze Welt zufällt, er selbst dabei aber Schaden nimmt? Er kann sein Leben ja nicht wieder zurückkaufen!«
Markus 8,36–37

07 Dezember

Heutzutage kannst du dir so vieles kaufen. Nicht nur Lebensmittel zum Überleben – es geht mittlerweile sogar so weit, dass du dir durch eine Beauty-OP Schönheit kaufen kannst! Doch **was dem Menschen wirklich guttut,** ist nicht das, was sich kaufen lässt, es ist das, was er sich nur von Gott schenken lassen kann: **das ewige Leben.**

Mein Tag

Frage an mich

Was tut mir aktuell nicht gut? Und was würde mir stattdessen guttun?

Mein Gebet

»Hilf mir bitte, nicht falschen Idealen nachzurennen, die nur kurzfristige Freude mit sich bringen. Jesus, ich will nach dem fragen, was ewig ist. Nach dir. Amen.«

08
Dezember

»Sie lobten Gott laut!«
Apostelgeschichte 16,25

Tipp des Tages

Selbst wenn du körperlich gefangen bist, kannst du innerlich frei sein!

Paulus und Silas waren im Gefängnis. Also wirklich »körperlich gefangen«. Doch so fühlten sie sich nicht, denn **ihre Gedanken waren bei Gott**! Und dadurch wussten sie, dass nichts passiert, was er nicht mehr in der Hand hätte. In diesem Wissen fiel es ihnen leicht, Gott auch in dieser »körperlichen Gefangenschaft« für das zu loben, was er noch tun würde …!

Mein Tag

Frage an mich

Habe ich diese bleibende Freiheit schon gefunden?

Mein Gebet

»Jesus, danke für die Freiheit, die ich in dir immer finden kann. Amen.«

Tipp des Tages

Manchmal musst du eine sichtbare Tür schließen, um eine verborgene Tür zu entdecken.

»Für die Menschen ist es wichtig, was sie mit den Augen wahrnehmen können; ich dagegen schaue jedem Menschen ins Herz.«
1. Samuel 16,7

09 Dezember

Es ist viel leichter, durch die **sichtbare Tür** zu gehen, als darauf zu warten, dass sich eine andere, noch **verborgene Tür** öffnet. Die sichtbare Tür bietet oft **Sicherheit**. Doch die verborgene Tür, auf die man oft nicht so schnell stößt, hält meist noch viel mehr **Segen** bereit.

Mein Tag

Frage an mich

Welche sichtbare Tür würde ich gerne öffnen, weil es leichter ist, als auf die noch verborgene Tür zu warten?

Mein Gebet

»Jesus, bitte schenke mir die Geduld,
auf das zu warten, was richtig ist, anstatt den leichtesten
und im Moment am sichersten scheinenden Weg zu gehen.
Amen.«

10 Dezember

»Liebe deinen Mitmenschen wie dich selbst!«
Matthäus 22,39

Tipp des Tages

Erst wenn du lernst, dich zuerst zu lieben, wird auch deine Liebe für andere nicht mehr begrenzt sein, sondern überfließen!

Es ist so wertvoll, dass du immer für andere da bist! So schön, dass du Menschen so wertschätzt, dass du ihnen deine Liebe durch Zeit, kleine Geschenke und liebe Worte schenkst. Wieso tust du das dann nicht auch mal für dich, wenn es heißt: »**Liebe** deine Nächsten WIE **dich selbst**!«

Mein Tag

Ziel des Tages

Heute beschenke ich mich mit all dem, was ich aus Liebe auch für andere tun würde.

Mein Gebet

»Ich soll mich lieben. Wow. Das verstehe ich heute.
Ich darf mir selbst Zeit und Liebe schenken.
Danke, Jesus, dass ich dir so viel wert bin und mir deshalb auch selbst wert sein darf! Amen.«

Tipp des Tages

Gottes Treue hilft dir aus dem Schmerz der Reue!

»Niemand, der bei ihm Zuflucht sucht, muss sein Strafgericht fürchten.« Psalm 34,23

11 Dezember

Reue ist laut Duden das **Gefühl des Bedauerns** über etwas Böses oder Falsches, das man getan hat. Und das ist wohl jedem schon einmal passiert. Doch nicht jeder bereut sein Fehlverhalten danach. Und wer nicht bereut, dem kann Gott auch nicht aufzeigen, **wie schön und befreiend es ist, wahre Vergebung zu empfangen**. Dabei ist es ein so wertvolles Geschenk – und Gott will es jedem geben!

Mein Tag

Ziel des Tages

Abgeben – und weitergehen!

Mein Gebet

»Jesus, auch ich habe schon etwas Falsches getan. Und ich bereue es sehr! Danke, dass du mir vergeben möchtest. Ich habe es nicht verdient, doch umso mehr bitte ich dich: Vergib mir bitte! Amen.«

12
Dezember

»›Geht jetzt an einen einsamen, stillen Platz!‹, sagte Jesus zu ihnen. ›Ihr habt Ruhe nötig!‹«
Markus 6,31

Tipp des Tages

Gott hat alle Macht, dir in der Ruhe das zu geben, was andere sich mit aller Macht im Stress versuchen selbst zu nehmen.

Selbst seinen Jüngern, die ganz nah an Jesus dran und mit ihm unterwegs waren, verordnete Jesus Ruhe. So sollst auch du, ganz egal, was dein Auftrag ist, dir diese **RUHEZEITEN bewusst nehmen**, um danach wieder ausgeruht weiterzugehen.

Mein Tag

Me Time

Heute gönne ich mir Ruhe – ich nehme mir Zeit, um mir selbst etwas Gutes zu tun. Wie wird das aussehen:

Mein Gebet

»Danke, Jesus, dass du dich so um mich kümmerst. Und wenn du mir Ruhe verordnest, will ich darauf hören – weil ich weiß, dass du nur Gutes für mich willst und für mich arbeitest, während ich ruhe. Amen.«

Tipp des Tages

Auch du sollst erleben: Gott kann ohne dein Tun alles regeln!

»Jesus sah, dass sie kaum noch das Boot steuern konnten, weil sie gegen einen schweren Sturm anzukämpfen hatten.«
Markus 6,48

13 Dezember

Gestern hast du dir hoffentlich einen **Moment der Ruhe** gegönnt. Wie war das? Ruhig oder stürmisch? Meist gehen die Stürme nämlich genau dann los – in Form von einer dringenden WhatsApp, einem Klingeln an der Haustür, oder aber dir schwappt der Kaffee über, dich erreicht eine hohe Rechnung oder oder oder… Jedenfalls wird so aus der Ruhe schnell ein kleiner Sturm. Bei den Jüngern war das nicht anders. Doch **JESUS SAH…** und er reagierte sofort! Das wird er auch bei dir tun! **Sorge dich nicht: JESUS SIEHT DICH!**

Mein Tag

Frage an mich

Was sind die kleinen Ablenkungen, die in meinen Ruhezeiten meist einen kleinen Sturm auslösen? Kann ich etwas daran ändern?

Mein Gebet

»Jesus, bitte hilf mir, in dieser Ruhe zu bleiben, auch wenn die Stürme losgehen. Ja, du siehst mich. DU SIEHST MICH und eilst mir schon zur Hilfe. Danke dafür! Danke für deine Lösungen. Amen.«

14
Dezember

»Dann betete er [Elisa]: ›Bitte, Herr, öffne ihm die Augen!‹ Da öffnete der Herr Elisas Diener die Augen, und er konnte sehen.«
2. Könige 6,17

Tipp des Tages

Vielleicht siehst du es nicht, doch Gott kämpft immer für dich!

Wenn du mit deinen vielen To-dos zu kämpfen hast und dich von ihnen nahezu »umzingelt« fühlst, weil sie dich bedrohlich einengen und dir die Freude nehmen wollen, dann **erinnere dein Herz daran**, dass nicht du umzingelt bist, aber deine Probleme sind es. Ja, sie sind **umzingelt von Gottes Antworten**, Lösungen. Und du bist nur »umzingelt« von seiner Liebe und **seiner schützenden Hand, die über dir und deinem ganzen Tag ruht.** Doch um so auf deine Probleme blicken zu können, musst du Gott bitten, dir **seine Sicht** der Dinge zu schenken.

Mein Tag

Ziel des Tages

Ich werde diesen Tag genießen!

Mein Gebet

»Jesus, ich will sehen, was du siehst: Die Lösungen, die Antworten und Möglichkeiten, die sich mir heute bieten, und nicht den Stress und die vielen To-dos auf meiner Liste. Danke, dass du da bist! Amen.«

Tipp des Tages

Es ist nicht dein Kampf – es ist SEIN Kampf!

»Der Herr selbst wird für euch kämpfen, wartet ihr nur ruhig ab.«
2. Mose 14,14

15 Dezember

Mein Tag

Gott sagt heute zu dir: »Warte ab!« Doch was bedeutet das konkret für dich? **Abwarten** bedeutet, dass du auf das Eintreten einer bestimmten Sache wartest. **Das Eintreten deines Gottes** in deine scheinbar unlösbare Situation. Wow! Und was du währenddessen tun sollst? Ganz einfach: **Ruhig sein.**

Ziel des Tages

Ich werde heute ruhig. Und ich werde abwarten. Ruhig abwarten.

Mein Gebet

»Jesus, es klingt auf dem Papier so leicht – ruhig abwarten. Doch ich bin eher unruhig und will nicht warten. Schenke mir bitte den starken Glauben, der mir das ruhige Abwarten ermöglicht! Amen.«

16 Dezember

»Denn Gott hat die Menschen so sehr geliebt, dass er seinen einzigen Sohn für sie hergab. Jeder, der an ihn glaubt, wird nicht zugrunde gehen, sondern das ewige Leben haben.«
Johannes 3,16

Tipp des Tages

Das Geschenk des Kreuzes sehen, wahrnehmen und annehmen, das sind die drei Schritte, die dir neue Freude geben!

Sehen: Blicke auf das Kreuz. Sieh, was die Bibel darüber sagt.
Wahrnehmen: Verstehe, dass das nicht nur eine Geschichte, sondern Realität ist.
Annehmen: Schenke Jesus dein JA zu seinem vollbrachten Werk, zu seinem Leben, seinem Tod, seiner Auferstehung.

Mein Tag

Frage an mich

Glaube ich wirklich, dass das kein Märchen, sondern Realität ist?

Mein Gebet

»Jesus, du bist für mich ans Kreuz gegangen und wieder auferstanden, damit ich frei von meiner Schuld hier auf der Erde leben und später bei dir in der Ewigkeit sein kann. Danke für dieses Geschenk, das ich heute überwältigt ganz neu annehme. Amen.«

Tipp des Tages

Seine Kraft ist die Kraft, die auch dich wieder stark macht!

»Aber ihr werdet den Heiligen Geist empfangen und durch seine Kraft meine Zeugen sein […]!«
Apostelgeschichte 1,8

17 Dezember

Kennst du diese Tage, an denen du einfach nicht weitermachen willst, weil du keine Kraft mehr hast? Die gute Neuigkeit ist: **Du musst gar nicht selbst stark sein!** Der Heilige Geist ist dein persönlicher **Zugang zu Gottes neuer Kraft für dich,** die dich auch ganz unerwartet erfüllen und verändern kann.

Mein Tag

Frage an mich

Was würde ich heute tun, wenn ich mich nicht so kraftlos fühlen würde?

Na dann: Bete dafür und leg los!

Mein Gebet

»Heiliger Geist, komm und fülle mich neu
mit deiner Kraft, die alles schlagartig verändern kann –
auch meine heutige Laune!
Danke für dich. Amen.«

18
Dezember

»Er heilt den, der innerlich zerbrochen ist, und verbindet seine Wunden.«
Psalm 147,3

Tipp des Tages

Er begegnet dir in deinem Schmerz, um dich aus deinem Schmerz wieder herauszuholen!

Hast du schon einmal ein Baby vor lauter Schmerz schreien hören? Was passiert dann? Genau: Die Eltern kommen angerannt, trösten ihr Baby und schauen erst einmal nach, was wehtut, um den Schmerz irgendwie zu lindern. Genauso ist es mit deinem **Vater im Himmel.** Er wird »angerannt« kommen, wenn du aufschreist. Er wird dich in den Arm nehmen, auf eine Art und Weise, wie du es noch nicht kanntest, und er wird dir deinen Schmerz nehmen. **Weil er kann und weil er will!**

Mein Tag

Frage an mich

Wo habe ich Gottes liebevolle Umarmung schon einmal erlebt?

Mein Gebet

»Danke, Vater im Himmel,
dass du mich so sehr liebst.
Danke,
dass ich dein Kind bin! Amen.«

Tipp des Tages

Sein Angebot steht.
Wo stehst du?

*»Selig sind,
die da Leid tragen,
denn sie sollen
getröstet werden.«
Matthäus 5,4*

19 Dezember

Gott WILL dich trösten. Er steht bereit, um dich aufzufangen. Doch **wo stehst du** eigentlich? Stehst du noch mitten im Selbstmitleid? Oder im Frust? Das sind keine guten Orte, um heil zu werden. Stell dich stattdessen in das Licht **seiner Wahrheit**, die besagt, dass es nichts gibt, das er nicht lösen oder wiederherstellen könnte!

Mein Tag

Frage an mich

Wo stehe ich gerade?

Mein Gebet

»Jesus, ich brauche deinen Trost.
Fang mich bitte auf, denn ich bin dabei zu fallen.
Ich weiß, dass du das auf eine WUNDERvolle Weise
tun kannst! Amen.«

20
Dezember

»Ehre sei Gott im Himmel! Denn er bringt der Welt Frieden und wendet sich den Menschen in Liebe zu.« Lukas 2,14

Tipp des Tages

Es gibt einen Frieden, der möglich ist, noch während die Lösung deiner Situation noch unmöglich erscheint!

Die Hektik rund um die **Weihnachtstage** löst bei den meisten eher **Stress** anstatt Besinnlichkeit, Traurigkeit statt Freude und Einsamkeit anstatt Liebe aus. Wie geht es dir denn in dieser Zeit? Egal, was du gerade **emotional** durchlebst, mach es wie die Engel! Ihre erste Reaktion auf die Geburt Jesu war **ANBETUNG**! Fange an, Jesus anzubeten, die Geburt deines Retters **wirklich zu feiern,** und lass dir währenddessen **SEINEN FRIEDEN** geben!

Mein Tag

Ziel des Tages

Ich plane heute mehrere »Anbetungs-Stopps« in meinen Tagesplan ein, in denen ich innehalte, singe und/oder bete!

Mein Gebet

»Jesus, ich bete dich an!
Denn du bist die Ruhe, der Frieden, mein Retter und mein Erlöser! Ja, dafür feiere ich dich heute!
Amen.«

Tipp des Tages

Merke dir sein Wort und er führt dich an den richtigen Ort.

»Maria aber merkte sich jedes Wort und dachte immer wieder darüber nach.«
Lukas 2,19

21 Dezember

Gott sei Dank hatte ein **Engel** zu Maria gesprochen, denn sonst wäre die Geschichte anders ausgegangen. Doch der Schlüssel für dieses WUNDERvolle Ende war, dass Maria dem Engel nicht nur zugehört hatte, sondern dass sie sich jedes seiner Worte merkte und **in ihrem Herzen wiederholte** – ja, **sie glaubte**! Gott hat durch sein Wort auch schon zu dir gesprochen und es gilt das Gleiche für dich wie für Maria: **Merke dir sein Wort** und wiederhole es in deinem Herzen! Glaube, auch wenn der Weg gerade nicht einfach ist, und auch du wirst ein **WUNDERvolles Ende** dieser Situation erleben!

Mein Tag

Ziel des Tages

Ich möchte heute drei Bibelverse auswendig lernen.

Mein Gebet

»Jesus, ich danke dir, dass du durch dein Wort zu mir sprichst. Schenke mir, dass ich dein Wort beziehungsweise die Verse daraus mit einer Leichtigkeit auswendig lerne, um sie immer im Herzen zu haben. Amen.«

22 Dezember

»So überlegte er, die Verlobung stillschweigend aufzulösen. Noch während er nachdachte, erschien ihm im Traum ein Engel Gottes und sagte: ›Josef, du Nachkomme Davids, zögere nicht, Maria zu heiraten! Denn das Kind, das sie erwartet, ist vom Heiligen Geist.‹«
Matthäus 1,19–20

Tipp des Tages

Fehlentscheidungen werden getroffen, wenn Entscheidungen fehlen.

Stell dir vor, Josef hätte sich keine Gedanken gemacht, wäre einfach nur sauer und frustriert darüber gewesen, dass Maria plötzlich schwanger war – wie wäre die Geschichte dann ausgegangen? Du kannst etwas **Wertvolles** aus Josefs **Entscheidung** für Maria – trotz seiner Fragen – mitnehmen**: Während wir nachdenken, kann Gott einlenken und uns mit** seiner Sicht **auf die Dinge beschenken!**

Mein Tag

Frage an mich

Welche Fehlentscheidung ist mir schon einmal erspart geblieben, weil ich gewartet und auf Gott gehört habe?

Mein Gebet

»Jesus, ich will nicht aus einem Gefühl heraus handeln, wenn ich die Möglichkeit habe, in Ruhe zu entscheiden. Ich will mich heute von dir leiten lassen, weil du mein Morgen kennst. Amen.«

Tipp des Tages

Beten ist das wertvollste Reden.

»Hört niemals auf zu beten. Dankt Gott für alles.«
1. Thessalonicher 5,17–18

23 Dezember

Bevor die Weihnachtsfeiertage so richtig losgehen, ist es ganz wichtig, **das Eigentliche nicht aus den Augen zu verlieren**. Hierzu gibt dir dieser Vers zwei wichtige Gedanken mit:

1. **Bete:** Bleib durch den Weihnachtstrubel hindurch konstant in Verbindung mit dem, ohne den es überhaupt kein Weihnachten gäbe. Dann wird er dir zeigen, worum es ihm in diesen Tagen geht.
2. **Danke Gott:** Danke Gott aus tiefstem Herzen für diese Weihnachtstage. Für die Bedeutung dieses Festes. Für Familie, Freunde, die gemeinsame Zeit: Danke ihm!

Mein Tag

Ziel des Tages

Ich nehme mir regelmäßig Momente, um zu beten und Gott zu danken.

Mein Gebet

»Jesus, so bete ich zu dir, dem ich diese besonderen Tage zu verdanken habe. Danke für dein Leben, das du für mich gegeben hast! Danke für die Tage, die vor mir liegen! Ich möchte, nah an deinem Herzen, wahre Weihnachten erleben. Amen.«

24 Dezember

»Heute ist für euch in der Stadt, in der schon David geboren wurde, der versprochene Retter zur Welt gekommen. Es ist Christus, der Herr.«
Lukas 2,11

Tipp des Tages

Er wurde geboren, um zu sterben. Du wurdest geboren, um zu leben!

»Wieso wurde Jesus geboren, um zu sterben?«, wirst du dich vielleicht fragen. **Weil wir genau das gebraucht haben!** Hätten wir noch mehr Filme für gemütliche Fernsehabende gebraucht, hätte Gott uns einen Filmproduzenten geschickt. Hätten wir mehr Worship-Musik gebraucht, einen weiteren Worship-Leiter. Hätte Gott sich gedacht: »Die Welt braucht bessere Klamotten«, dann hätte er uns den besten Designer schlechthin vorgestellt. Doch all das war es nicht, was wir wirklich brauchten. Gott wusste, dass wir **einen RETTER** brauchen! Jemanden, der unsere Schuld und Sünde auf sich nimmt, damit wir LEBEN dürfen. **FREI leben** dürfen. Und so sandte er uns seinen Sohn. **Das ist es, was wir gebraucht haben!**

DAS IST LIEBE.

Mein Tag

Ziel des Tages

Ich möchte heute einer Person, die diese Liebe nicht kennt, Jesus näherbringen!

Mein Gebet

»Vater im Himmel, Worte können nicht beschreiben, was ich gerade empfinde. Du hast deinen Sohn gegeben, damit ich leben darf! Danke für dieses Geschenk der Liebe. Auch ich will dir heute ein Geschenk machen. Hier ist es: Ich gebe dir heute mein Leben. Amen!«

Tipp des Tages

Gib nicht weg, was du aus Liebe bekommen hast, wenn du haben möchtest, was die Liebe dir geben kann.

»Sie [Maria] brachte ihr erstes Kind, einen Sohn, zur Welt, wickelte ihn in Windeln und legte ihn in eine Futterkrippe; denn sie hatten keinen Platz in der Unterkunft bekommen.«
Lukas 2,7; NGÜ

25 Dezember

Bestimmt hast du den Song »Last Christmas« von Wham! auch in diesem Jahr schon ganz oft im Radio gehört. Dabei hat der Text eigentlich gar nichts mit der Weihnachtsgeschichte zu tun: »Letztes Jahr habe ich dir mein Herz gegeben, doch am nächsten Tag hast du es schon wieder weggegeben.« Oder etwa doch? In dem Herzen dieser »besungenen« Person war wohl doch kein Platz für die Liebe, die sie hätte bekommen können. Auch für Jesus war bei seiner Geburt kein Platz, obwohl er aus Liebe auf unsere Welt gekommen ist. Und auch heute wird in vielen Häusern Weihnachten gefeiert, doch nach dem Fest geht es mit dem »ganz normalen Leben« weiter und es gibt **keinen Platz mehr für das Kind in der Krippe**, der zum Erlöser der Welt heranwuchs. Doch hoffentlich nicht bei dir! Denn der, der vor vielen Jahren für dich auf diese Welt gekommen ist, ist derselbe, der dein Leben morgen, übermorgen und bis in alle Ewigkeit mit der **wahren Liebe beschenken** möchte, nach der du dich doch so sehr sehnst!

Frage an mich

Ist Jesus für mich nur in der Weihnachtszeit ein »intensiver Gedanke« – oder ist Jesus an jedem Tag meines Lebens so präsent?

Mein Tag

Mein Gebet

»Jesus, ich danke dir, dass du dir nicht zu schade warst, immer wieder an meine Tür zu klopfen.
Heute rufe ich laut: »Herein!«, und schenke dir einen Platz in meinem Herzen – für immer! Weil ich dich liebe! Amen.«

26 Dezember

»Und der Stern, den sie hatten aufgehen sehen, zog vor ihnen her, bis er schließlich über dem Ort stehen blieb, wo das Kind war. Als sie den Stern sahen, waren sie überglücklich. Sie gingen in das Haus und fanden dort das Kind und seine Mutter Maria. Da warfen sie sich vor ihm nieder und erwiesen ihm Ehre.«
Matthäus 2,9–11; NGÜ

Tipp des Tages

Tu heute Morgen etwas, worauf du heute Abend stolz sein wirst!

Hast du auch die schöne Weihnachtsdekoration gesehen? Die Tannenbäume, auf deren Spitzen ein Stern steckt? Weißt du eigentlich, weshalb? Der Stern über Bethlehem galt damals als **Wegweiser**. Dieser Stern leuchtete so hell und klar, dass es für die Sterndeuter ein Leichtes war, **Jesus zu finden**! Hast du dich schon einmal gefragt, was über **deinem Leben** so hell leuchtet, dass andere ganz leicht erkennen können, was deine Hoffnung ist? Wusstest du, dass du **ein lebendiger Wegweiser zur Hoffnung, zu Jesus**, sein kannst? Ja, DU! **Darum leuchte**! Weil die Wahrheit in dir lebt!

Mein Tag

Frage an mich

Ich möchte darauf achten, dass ich jedem mit der Liebe begegne, mit der Jesus mir begegnet ist. Weil er bei und in mir ist.

Mein Gebet

»Jesus, lass heute dein Licht durch mich scheinen und lass dieses wiederum andere Menschen zu dir führen! Amen.«

Tipp des Tages

Während du glaubst,
dass nichts passiert,
passiert mehr,
als du glaubst!

»Ich bin euer Gott,
der für euch da ist. […]
Ich bin für euch da […],
denn das ist mein Name
für alle Zeiten.«
2. Mose 3,14–15

27 Dezember

Meinst du, Maria hatte sich vorstellen können, dass dieses Baby, das da ruhig in ihren Armen schlief, irgendwann aufwachen, groß und starken werden und für sie **da sein würde**? In diesem Moment wahrscheinlich nicht. Doch diese Momente waren für Maria so viel wertvoller, als es ihr damals vielleicht bewusst war. Diese Momente »der Ruhe vor dem Sturm«. Denn **in dieser Ruhe** konnte sie **eine starke Bindung zu Jesus** aufbauen. Vertrauen aufbauen. Während du glaubst, dass Jesus gerade »nichts tut«, ist das ein Moment, den du nutzen solltest, um **bei** ihm **zu ruhen** – und ebenfalls eine tiefe Bindung zu ihm aufzubauen, die auch den Stürmen des Lebens standhält.

Mein Tag

Me Time

Ich schließe die Augen und bin ganz bei ihm.

Mein Gebet

»Jesus, ich nutze die Ruhe, um zu begreifen,
wer du bist und was dir alles möglich ist.
Bitte erreiche mein Herz auf eine neue Art und Weise.
Amen.«

28 Dezember

»Denn Gott hat die Menschen so sehr geliebt, dass er seinen einzigen Sohn für sie hergab. Jeder, der an ihn glaubt, wird nicht zugrunde gehen, sondern das ewige Leben haben.«
Johannes 3,16

Tipp des Tages

Einsamkeit ist dein Herzensschrei, der aus dem tiefsten Wunsch entsteht, dass du dich mit Gott vereinst.

Die Feiertage liegen hinter dir und egal, ob du mit vielen Freundinnen und Freunden oder im kleinen Kreis der Familie gefeiert hast – das Gefühl der **Einsamkeit** kann sich trotzdem anschleichen. Weil sie unabhängig von Menschen in dein Leben treten kann. Einsamkeit ist eigentlich jedoch nichts Schlimmes. Denn eigentlich ist sie nur eine schöne Erinnerung an das, **was du wirklich brauchst**, um »anzukommen«, und an das, was dir gerade schmerzlich fehlt. Einsamkeit ist die Erinnerung daran, dass alles in dir sich eigentlich nur nach einem sehnt: **einer persönlichen Beziehung zu Jesus.** Und diese kann heute (neu) beginnen!

Mein Tag

Ziel des Tages

Ich nutze diese »gefühlte Einsamkeit« und nehme mir Zeit für meine Beziehung zu Jesus.

Mein Gebet

»Jesus, fast wäre ich – an Weihnachten(!) – an dir vorbeigelaufen. Ich möchte eine tiefe und enge Beziehung zu dir haben, die alle Einsamkeit und Traurigkeit entmachtet, weil in dir alles zu finden ist, was ich je brauchen werde. Amen.«

Tipp des Tages

Du kannst nirgendwohin fliehen, seine Liebe wird dich immer finden!

»Wohin könnte ich fliehen, ohne dass du mich siehst?«
Psalm 139,7

29 Dezember

Weshalb fliehen Menschen? Weil sie bedroht werden, oder weil in ihrem Land eine Hungersnot herrscht und sie um ihr Leben kämpfen. Fliehen hat immer einen negativen Hintergrund. **Gott will nicht, dass du vor ihm fliehst,** weil es keinen Grund gibt, um das zu tun. Selbst die größte Sünde deines Lebens kennt er schon – **und er liebt dich dennoch**. Willst du dann nicht gleich damit zu ihm kommen und das, was zwischen euch steht, aus der Welt schaffen?

Mein Tag

Frage an mich

Fliehe ich aktuell vor Gott? Weshalb?

Mein Gebet

»Jesus, ich bin müde vom Fliehen. Ich fliehe vor mir selbst, vor meinem Versagen und auch vor den Möglichkeiten, die du – dennoch – für mich siehst. Bitte hol mich zurück an dein Herz, ich will ankommen. Bei dir. Amen.«

30 Dezember

»Nein, jungen Wein füllt man in neue Schläuche!«
Matthäus 9,17

Tipp des Tages

Altes muss raus, damit Neues reinkann!

Hast du schon einmal hinterfragt, ob alles, was sich gerade in deinem Leben befindet, wirklich noch in dein Leben gehört? **Manchmal nistet sich da etwas dauerhaft ein,** das eigentlich nur kurz hätte bleiben sollen. So etwas wie die Traurigkeit, Wut oder diese Faulheit… Ups. Es stimmt: »Willst du Neues erleben, musst du dich aus deinem gewohnten Trott herausbewegen!«

Frage an mich

Was hat sich in meinem Leben eingenistet, was dringend wieder daraus entfernt werden sollte?

Mein Tag

Mein Gebet

»Ja, Jesus, ich möchte Neues erleben!
Lass mich erkennen, was nicht mehr in mein Leben gehört,
um Platz für das Neue zu machen.
Amen!«

Tipp des Tages

Spricht auch alles dagegen, kommt Gott dir doch entgegen!

»Die Güte des Herrn hat kein Ende, sein Erbarmen hört niemals auf, es ist jeden Morgen neu! Groß ist deine Treue, oh Herr! Darum sage ich: Herr, ich brauche nur dich! Auf dich will ich hoffen.«
Klagelieder 3,22–24

31 Dezember

Denke dir nicht: »Aber es hat doch noch nie geklappt, deshalb wird es auch dieses Mal nicht klappen!« **Das neue Jahr** bietet dir eine neue Chance, neu zu denken. Wieso? Weil nicht du über deinen Weg entscheidest, sondern dein dich liebender Vater. Und **seine Güte hat kein Ende**! Sie ist auch morgen, am ersten Tag des neuen Jahres wieder neu. **Ändere dein Reden und du wirst dein Wunder erleben! Sage dir:** »Es hat zwar noch nie funktioniert, aber ich werde es noch einmal versuchen und dank Gottes Hilfe wird es im neuen Jahr klappen! Amen.«

Mein Tag

Ziel des Tages

Ich erstelle eine Dankbarkeitsliste mit all den Gründen, weshalb ich für das letzte Jahr DANKBAR sein kann!

Mein Gebet

»Jesus, ein neues Jahr liegt vor mir und ich bin froh, es mit dir angehen zu dürfen. Ich will Neues wagen und bitte dich um deine Weisheit, deinen Schutz und deinen Segen dafür. Danke für das vergangene Jahr und danke für das neue Jahr! Danke, dass deine Güte kein Ende hat! Ich liebe dich. Amen!«

Notizen

Notizen

Notizen

Notizen

Notizen

Notizen

MIX
Papier | Fördert gute Waldnutzung
FSC® C106855

4. Auflage 2025
Bestell-Nr. 817873
ISBN 978-3-95734-873-9

Umschlaggestaltung: Benita Penner
Umschlagmotive: Sergei Boshkirov, Shutterstock (Icons); ERF (Titelschriftzug)
Satz: Uhl + Massopust, Aalen
Druck und Verarbeitung: Print Consult GmbH, München

Printed in Europe

www.gerth.de